O SEGREDO DE TODAS AS COISAS

ANDERSON LUÍZ

O SEGREDO DE TODAS AS COISAS

PARA UMA VIDA PRÓSPERA, RICA E FELIZ

EDITORA YESBOOKS
Rua Placídio Covalero, 341
Bragança Paulista | SP
yesbooks.com.br
contato@yesbooks.com.br

O SEGREDO DE TODAS AS COISAS

Categoria: Desenvolvimento pessoal

Quarta edição – 2024

Autor:
Anderson Luíz

Projeto gráfico e editorial:
Yesbooks Editora

Foto:
Adarktchul Collins

Coordenação editorial:
Filipe Mouzinho | @filipemouzinho

Dedico a Deus, por me dar vida e saúde.

O melhor presente.

Se você ganhou este livro como presente de alguém, é porque essa pessoa se importa muito com você. Tudo que descobrirá neste livro, se colocado em prática, mudará radicalmente a sua vida. Aqui coloco boa parte do meu conhecimento e energia. Seja grato eternamente a quem lhe deu este presente — e, se ele fizer sentido para você, faça o mesmo à outra pessoa.

AGRADECIMENTOS

Agradeço, primeiramente, a Deus, por me conceder saúde, alegria e me dar a oportunidade de fazer o que eu amo. Jesus Cristo é o Senhor e Deus da minha vida. Gratidão a todas as pessoas que sempre acreditaram na minha missão de transformar e impactar vidas. Aos meus irmãos, aos meus parceiros de missão e à minha filha, Laura Luiza, um presente de Deus em minha vida. Gratidão ao meu pai, Seu Benedito, que já partiu deste plano, mas foi com quem aprendi a me tornar o homem que sou hoje. Gratidão à minha querida mãe, Dona Casturina; com ela aprendi o que é amor incondicional.

Gratidão aos mentores parceiros de missão, com os quais aprendi presencialmente ou por meio de suas obras: Anthony Robbins, Paulo Vieira, Wendell Carvalho, Michael Ribeiro, Polozi, Pablo Marçal, José Roberto Marques e Jim Rhon, dentre outros. Esses homens têm dedicado suas vidas a uma missão que vai além deste plano — a de mostrar para o ser humano que estamos aqui para ter uma vida abundante.

Gratidão pela pessoa que está com este livro nas mãos e prestes a experimentar uma das maiores mudanças da sua vida. Dê o seu máximo, leia até a última letra desta obra, tendo a certeza de que você não será mais o mesmo.

SUMÁRIO

PRÓLOGO

> "A preparação é a chave para todo e qualquer sucesso, antes de mais nada."
> **Alexander Graham Bell**

Neste momento, estou sentado em meu camarim, no dia do meu aniversário — 22 de outubro de 2018 —, a poucos minutos de entrar no palco para dar início a mais um treinamento. Penso em todo caminho que percorri até aqui, todos os anos de estudo em busca de um sentido e uma resposta para várias questões da vida. Nos últimos anos, me tornei obcecado por descobrir a resposta para as seguintes perguntas: por que nem todas as pessoas alcançam uma vida extraordinária? O que faz uma pessoa chegar ao sucesso enquanto outras ficam patinando em uma eterna roda de hamster? E, quando digo sucesso, me refiro a todas as áreas da vida, seja financeira, saúde física e mental, relacionamentos, espiritualidade e a compreensão de si como um ser sistêmico.

Por que algumas pessoas, mesmo dotadas de um alto grau de conhecimento, permanecem estagnadas, enquanto outras, com pouco conhecimento, conseguem alcançar um sucesso admirável? Talvez você conheça alguém que tem mestrado, doutorado e, apesar de parecer uma enciclopédia ambulante, repleta de conhecimento, não alcançou os resultados que desejava. Já outras pessoas, a despeito da pouca escolaridade, conseguem conquistar grande sucesso.

Há ainda as que conseguem alcançar o tão sonhado sucesso na vida financeira, mas o resto parece mergulhado no caos. Elas sofrem com problemas de saúde, não têm tempo para praticar exercícios e não conseguem manter uma boa alimentação.

O reverso dessa moeda são as pessoas que dedicam horas a cuidar do corpo em uma academia, enquanto a vida financeira é um desastre. Foi pensando nessas perguntas que decidi dedicar minha vida a oferecer o Treinamento de Encontro com o Sucesso, o Método T.E.S.®, para transformar verdadeiramente a vida das pessoas e ajudá-las a encontrar o caminho para uma vida extraordinária e plena em todas as áreas. Então, aproveite este livro — nele, você encontrará as respostas que talvez venha buscando há muito tempo.

INTRODUÇÃO

A vida, muitas vezes, vai lhe derrubar e lhe jogar de cara no chão, mas depende de você a decisão de continuar prostrado ou se levantar mais forte. Diante de qualquer problema da vida, temos várias opções para focar no lado positivo ou repensar nossas ações. O único problema de verdade é a morte; o resto acontece apenas para nos tornar mais fortes.

Ao enfrentar um desafio, é preciso mudar a ação, deixar de focar no problema e se concentrar em encontrar a solução. Para conquistar seus sonhos, será preciso entender uma coisa: **na vida, mais cedo ou mais tarde, os desafios aparecerão.**

Por isso, levante-se e continue; é hora de agir e não apenas de sonhar. Mas não se preocupe com os sonhos da maioria. Concentre-se nos seus sonhos e se torne cada vez melhor.

> "A sorte surge quando a oportunidade encontra a preparação."
> **Thomas Edison**

Nasci em uma pequena cidade de cerca de 10 mil habitantes, chamada Jesuítas, no interior do Paraná. A cidade vive, basicamente, da agricultura. Minha família era muito pobre, meus pais eram analfabetos. Sou o caçula de cinco filhos. Em uma cidade tão pequena, tudo é muito perto, então eu ia para escola a pé, sozinho. Na época, todos os meus irmãos já eram casados e não moravam mais na cidade.

O meu pai trabalhava como guarda-noturno para sustentar a família, o que significava andar de bicicleta pela pequena cidade para vigiar os prédios públicos e as casas. A minha mãe cuidava de casa. Durante o dia, os dois iam para a roça, trabalhar como "boia-fria" para complementar a renda.

Passamos por muitas dificuldades financeiras, mas, graças a Deus, o meu pai nunca deixou faltar alimento em casa. Ele era minha base. Quando eu nasci, o meu pai já tinha 50 anos. Hoje, o vejo como um homem muito forte e trabalhador — ele sempre trabalhou muito mesmo! Quando eu tinha dez anos de idade, ele sofreu um AVC. Depois disso, ficou bastante debilitado e, obviamente, não conseguia mais trabalhar.

Durante 15 anos da minha vida, vi meu pai acamado ou em cadeira de rodas, apenas sobrevivendo. Por um tempo, minha mãe precisou fazer tudo por ele, até que, na medida do possível, ele retomasse sua vida "normal", embora ainda sempre de muletas ou cadeira de rodas. No dia que recebi a notícia de que meu pai havia sofrido o AVC, fiquei em choque; tristeza e desespero profundos tomaram conta de mim. Eu estava na casa da minha irmã, em outra cidade. Depois de uma visita, ela havia me levado para passar uns dias com ela. A imagem que guardo de meu pai antes do AVC é a do momento em que ele acenava para nós na despedida. Minha mãe cuidava dele com muito carinho. Pude ver, em seus cuidados, o grande amor que tinha por ele. Não sei se qualquer outra pessoa conseguiria suportar tanto. Ela tinha uma paciência inabalável!

Muitas vezes, não tínhamos dinheiro para comprar os remédios de que meu pai precisava, e partia o meu coração ver meus pais passando por aquela situação e não poder fazer nada. Mas Deus sempre alimentou, dentro de mim, a chama para buscar o conhecimento.

A educação não era um assunto comum em casa. A escola não era algo sobre o que eu falava com meu pai. Meus irmãos foram embora para outra cidade em busca de oportunidades — em cidade pequena, elas são raras. Ao menos era o que eu pensava na época. Hoje, acredito que quem cria as oportunidades somos nós mesmos: esteja onde estiver, todos são capazes de criá-las. Só depende de cada um.

Meus pais conheciam muito bem as dificuldades que a falta de estudo acarreta, ainda mais por serem sozinhos e não poderem contar com o suporte de outros familiares. Por isso, mesmo sem termos condições, minha mãe se esforçou muito para que eu fosse para a faculdade. Ela e meus irmãos me ajudaram muito. Mesmo assim, nossa situação financeira era muito difícil, e eu raramente tinha dinheiro quando ia para as aulas. Via meus amigos comendo na cantina e não tinha condições de comprar nada. Passei por muita dificuldade. Nessa época, surgiram os primeiros sintomas da depressão, também. Para mim, foi muito forte. Uma experiência que mexeu demais comigo.

Consegui começar a minha primeira graduação, contando com a ajuda de toda a minha família para pagar as mensalidades. A graduação foi um período de muitas sombras, pois eu enfrentava uma severa crise de depressão e não conseguia emprego. Nessa época, meu pai faleceu. Infelizmente, antes que pudesse me ver formado.

Depois da morte de meu pai, entrei em uma depressão profunda e, junto a ela, surgiram outras condições, como transtorno generalizado de ansiedade e ataques de pânico. Muitas vezes, pensei que iria morrer. Sem poder mais suportar, procurei um psiquiatra; foram meses de tratamento. Foi então que conheci a área de desenvolvimento pessoal.

Ao longo do tratamento, conversando com meu psiquiatra, me apaixonei pelo cérebro e comecei a estudá-lo. Entendi todo o poder dessa fabulosa máquina que Deus colocou dentro de nós, que tem o poder de nos levar para o fundo do poço, mas também de nos levar ao sucesso em todas as áreas da vida.

Mesmo sem ter dinheiro para pagar o primeiro curso, passei um monte de cheques pré-datados e consegui fazê-lo. Quando vi o cara naquele palco, realizando treinamento, pensei: "Eu quero fazer o que ele está fazendo: transformando a vida das pessoas!" Desde então, comecei a viajar para fazer treinamentos em várias partes do Brasil e também no exterior, aprendendo as melhores ferramentas para aplicar no que hoje se tornou o Método T.E.S.® — Treinamento Estruturado Sistêmico. Modelei as melhores ferramentas disponíveis no Brasil e no mundo e criei esse poderoso método para transformar a vida das pessoas.

Hoje, tenho saúde e alegria em minha vida. Mas, como você pôde notar em minha história, nem sempre foi assim; precisei aprender e pagar o preço para colocar em prática tudo que aprendi. Entendi que a minha jornada até ali era apenas uma preparação. Levo comigo uma frase e a compartilho com todos os meus alunos do Método T.E.S.®: "Tudo que está acontecendo em sua vida é uma preparação para algo muito maior."

"ÁRVORES FORTES CRESCEM COM VENTOS FORTES"

Antes de uma grande conquista, sempre virá uma grande preparação. Nada em nossa vida — absolutamente nada pelo que passamos, nenhum sofrimento, nenhum acontecimento — é por acaso. Tudo é uma grande preparação.

Até aquele momento, eu vinha alimentando a parte do meu cérebro que estava me enterrando no fundo do poço. Mas, como disse, nada é por acaso. Precisei passar por essa experiência para chegar aonde cheguei, começar a construir o meu legado e ajudar a milhares de pessoas. Então, não importa o momento da sua vida pelo qual esteja passando; entenda que é uma grande preparação. Mas, para que tudo isso tenha sentido e gere resultados, você precisa aprender com a experiência.

Enquanto não aprender, a vida continuará ensinando-lhe, como um professor tentando ensinar a um aluno. A aula só acaba quando a lição for aprendida. Você talvez chame tudo isso de coincidências, mas coincidências não existem! É o seu subconsciente tentando ensinar-lhe uma lição.

O objetivo de ter contado um pouco da minha história é simples: graças a Deus, tive a oportunidade de conhecer as ferramentas essenciais para atingir todo o meu potencial e, agora, quero compartilhá-las com você. Ao aplicar as ferramentas e os conceitos que lhe ensinarei neste livro, você terá tudo que precisa para alcançar uma vida extraordinária.

Hoje, sou presidente do Instituto Brasileiro de Treinamentos Avançados, onde desenvolvi um dos maiores treinamentos de desenvolvimento pessoal da América Latina — o método de treinamento T.E.S.®. Todos os anos, milhares de alunos vindos de vários lugares do Brasil têm suas vidas transformadas nesse treinamento.

Vou compartilhar apenas um dos inúmeros relatos que recebo diariamente dos participantes do T.E.S.®. Eu tenho certeza de que você irá se emocionar, pois eu me emocionei bastante.

Era um dia comum, eu estava na minha casa quando recebi essa mensagem: "Anderson, quero lhe contar uma história. Eu entrei em uma dívida de mais de R$400 mil. Por conta disso, me bateu um desespero muito profundo, pois eu não sabia o que fazer. Eu tinha minha família para sustentar, meus filhos. Cara, eu entrei em uma depressão profunda, muito profunda, e a única luz que eu via no final do túnel era tirar minha vida, para acabar com esse sofrimento."

Ele continuou o seu relato dizendo que, uma noite, acordou, deu um beijo na sua esposa e se despediu enquanto ela ainda dormia. Foi para o quarto do filho e deu um beijo de despedida nele também. Chorava muito ao dar adeus à família. Porém, antes de tirar a própria vida, abriu o Instagram no celular e assistiu a um vídeo meu.

Contou que, no vídeo, eu falava sobre problemas. Eu basicamente dizia que, se a pessoa cria um problema em um nível de consciência, ela também consegue resolvê-lo; que tudo que acontece em nossa vida é para nos preparar para algo muito maior. Então, por causa desse vídeo, ele desistiu de tirar a própria vida e decidiu se inscrever no Método T.E.S.®, e hoje é um dos alunos em treinamento de formação comigo.

Eu lhe garanto, é impossível que você chegue na sexta-feira à noite e saia a mesma pessoa no domingo. Mas, para isso, é necessário "se permitir", abrir o coração e a mente, estar disposto ao autoconhecimento para atingir o sucesso — o "seu sucesso interior" —, afinal, **o homem é o que ele pensa a maior parte do dia**; então, é necessário descobrir onde está o seu foco.

Quando você entende isso, começa a perceber quais aspectos da sua vida requerem uma mudança de atitude, e consegue obter transformações legítimas. Tudo começa com a mudança de seu padrão mental e, então, sua vida começará a se transformar! **Participar do T.E.S.® é nascer para uma nova vida mais harmoniosa, equilibrada, saudável e feliz.**

"O HOMEM É O QUE ELE PENSA A MAIOR PARTE DO DIA"

UMA FABULOSA MÁQUINA

CAPÍTULO 1

> "Nossas crenças se transformam em pensamentos; os pensamentos, em palavras; as palavras, em ações que, repetidas, viram hábitos. Estes hábitos formam nossos valores que determinam nosso destino."
> **Mahatma Gandhi**

Vivemos atualmente rodeados por uma enxurrada de informação, como nunca antes. Qualquer informação, hoje, está apenas a um clique. Tudo que quisermos aprender está disponível na internet. Mas, então, por que muitas pessoas não conseguem atingir o sucesso?

Quantas pessoas que você conhece têm pilhas de livros de desenvolvimento pessoal em casa, já participaram de várias palestras motivacionais e não conseguem transformar suas vidas? Talvez você conheça pessoas que investiram muito tempo e dinheiro em graduação, pós-graduação e, atualmente, não trabalham na área em que se formaram. E o que dizer sobre as pessoas religiosas, que mesmo acreditando em Deus e fazendo o bem, não conseguem ter uma vida extraordinária? A primeira resposta é que elas não conseguem uma vida extraordinária exatamente por serem religiosas, e eu explicarei isso mais adiante.

"O GRANDE PROBLEMA É QUE AS PESSOAS BUSCAM NO MUNDO EXTERNO AS RESPOSTAS QUE ESTÃO DENTRO DELAS"

Fomos presenteados por Deus com a máquina mais poderosa do mundo, nosso cérebro. Um órgão com milhões de células, pequeno em tamanho, mas gigantesco em sua capacidade e poder. Com ele, recebemos um PODER imensurável e, quando tomamos consciência disso, entendemos que podemos ser protagonistas do nosso próprio destino.

Vejo constantemente pessoas buscarem no mundo externo respostas que estão dentro delas. Mesmo se tornando enciclopédias ambulantes, com muito conhecimento, não conseguem resultados. Têm muitas doutrinas, mas carecem de alegria.

Você duvida da capacidade de nosso cérebro? Faça um teste simples: feche os olhos por alguns instantes e pense em um limão verde e suculento. Visualize-se partindo o limão ao meio e o suco escorrendo. Imagine-se, então, pegando um pedaço e levando-o à boca, esperando algumas gotas em sua língua. O que sentiu? Tenho certeza de que sua boca salivou.

Uma simples história contada ao cérebro é capaz de ativar uma glândula e disparar a produção de saliva. Infelizmente, esse poder é uma faca de dois gumes. As histórias que contamos ao nosso cérebro são capazes de acionar processos e ativar hormônios para o bem e para o mal. E todo esse poder é capaz de resultar em doenças físicas e mentais. Agora, imagine tudo o que podemos fazer se contarmos a história certa.

Nosso cérebro é pré-configurado com base na evolução, mas é moldado pelas experiências na infância e pela informação transmitida pelos pais e pelo ambiente a que somos expostos — o que podemos chamar de sistema de crenças. O neurocientista Gary Marcus criou uma analogia para explicar a pré-configuração do cérebro, ele diz: “A natureza fornece um primeiro rascunho, que a experiência depois revisa.”

O chamado sistema de crenças atua como um filtro para o modo como percebemos e experienciamos o mundo ao nosso redor. E, assim, ele pode ser uma bola de concreto presa ao nosso calcanhar. Para conseguirmos empregar todo o poder dessa fabulosa máquina a nosso favor, precisamos "programá-la" corretamente, o que significa identificar e rever o nosso sistema de crenças, ressignificando as chamadas crenças limitantes e buscando incorporar crenças fortalecedoras.

Temos a máquina mais poderosa do mundo ao nosso dispor, mas precisamos saber utilizá-la para extrair o melhor do que a vida tem para nos proporcionar. E para entendermos melhor tudo isso, primeiro, precisamos compreender um pouco mais sobre o funcionamento cerebral.

O cérebro

Nossas emoções, o sistema límbico da nossa mente, respondem às experiências com base na "programação" fornecida pelo nosso sistema de crenças. Elas representam 99% dos processos mentais que ocorrem de maneira inconsciente, e, na verdade, são os responsáveis por grande parte do nosso comportamento. Assim, nosso raciocínio se divide em uma primeira parte inconsciente e intuitiva e uma segunda, consciente e de justificação.

Todas as nossas experiências são filtradas por nossos sistemas de crenças e convicções, que falam diretamente com o límbico e lá ficam gravadas. A partir daí é que o córtex, região da mente responsável pela justificativa e razão, passa a buscar justificar o julgamento inicial do sistema de crenças programado. Diante desse cenário, o nosso comportamento é, em última análise, governado pelo nosso sistema de crenças.

O cérebro trabalha por recompensas — e gera reforços positivos e negativos conforme o sistema de crenças —, e nosso comportamento é cristalizado por um ciclo de feedback negativo e positivo. Essas situações, as experiências boas ou ruins, são interpretadas com base em tudo que está gravado em seu subconsciente.

Se hoje, nos meus treinamentos no Método T.E.S.®, eu consigo ajudar a milhares de pessoas que talvez estejam passando por um momento de depressão, de profunda tristeza, foi porque um dia eu precisei passar por uma depressão profunda. Aliás, foram anos de depressão profunda.

Eu não entendia por que estava passando por isso e muito menos sabia como sair daquele estado. Se hoje consigo ajudar milhares de pessoas, foi porque consegui entender a mente de uma pessoa em depressão por dentro, e compreendi como essa mente funciona.

O nosso cérebro, essa máquina poderosa, é dividido entre consciente, subconsciente e inconsciente. O seu eu consciente, o seu eu que está lendo este livro, o seu eu que processa o raciocínio lógico: este é o eu que você conhece, a parte racional. Mas há um outro eu, o lado emocional, que reage e se comporta com base em seu sistema de crenças; é ele quem direciona o racional.

Por isso, não adianta racionalizar suas angústias, seus medos; é preciso mudar o seu sistema de crenças. É preciso mudar a programação, o que a Neurociência e a Psicologia chamam de "subconsciente". Para mudar seu comportamento, suas respostas emocionais e, em consequência, como você reage e se comporta diante dos acontecimentos, é preciso acessar seu subconsciente. É lá que estão as respostas de todos os seus problemas, de todas as suas questões emocionais, saúde etc.

Ao alimentar ressentimentos, mágoas, você acaba preso em um ciclo vicioso e permite que um trauma, um acontecimento ruim, crie uma crença limitante e governe todas suas reações e seu comportamento diante da vida. Toda vez que você fica pensando em algo que já passou, para o seu subconsciente, é como se estivesse acontecendo agora. Ele começa a produzir hormônios no seu corpo que estão ligados àquelas emoções.

Imagine uma pessoa que sente mágoa, ressentimento... Imagine quais tipos de hormônios são produzidos em seu corpo. O desequilíbrio do corpo é causado pelo subconsciente tentando lidar com a experiência, com as sensações boas ou ruins que são interpretadas com base em tudo que está gravado em seu subconsciente. Da tentativa de lidar e compreender o que está acontecendo, surge uma infinidade de problemas de saúde, problemas emocionais, mentais, psicossomáticos — e nada disso é detectado por exames quando a pessoa procura descobrir o que há de errado.

Eu não conseguia compreender minha depressão, aquele estado que me aprisionava e me colocava para baixo, que me trazia pensamentos suicidas, porque eu vivia no meu primeiro eu, no meu consciente, ignorando que a resposta, a raiz do que me afligia, estava no subconsciente.

"ENQUANTO NÃO APRENDERMOS O PODER DO SUBCONSCIENTE E NÃO SOUBERMOS UTILIZÁ-LO, FICAREMOS À MERCÊ DOS PROBLEMAS DA VIDA"

Quer entender o poder desse outro eu? Hoje à noite, quando for dormir, faça o seguinte teste: antes de pegar completamente no sono, procure uma questão de sua vida para a qual precise de uma resposta — talvez algo sobre o qual esteja indeciso, ou algo para o qual não tenha resposta. Pegue um copo de água, coloque-o ao lado da cama, beba um pouco dela e deite-se. Ao se deitar, com os olhos fechados, respirando profundamente, faça uma conversa interna e peça a esse outro eu: "Mostre-me a resposta para essa questão!" Repita isso várias vezes — no mínimo, dez.

A repetição é importante para acessar o subconsciente; ela é a base da criação dos caminhos mentais. Você ficará espantado com como essa resposta surgirá. Talvez na manhã seguinte, talvez durante o seu sono, nos sonhos, ou talvez nos próximos dias… seu outro eu, seu subconsciente, lhe mostrará as respostas. Isso é possível porque ele processa milhões de bits de informações por segundo.

O sistema de crenças

Para explicar melhor o nosso sistema de crenças, gosto de fazer a seguinte analogia: quando nascemos, o nosso cérebro é praticamente uma folha em branco, no que diz respeito a crenças e fobias. Algumas linhas da Psicologia também defendem que os medos são condicionamentos posteriores.

Nossas crenças refletem nossos valores, o que consideramos "certo" e "errado", e, assim, guiam nossos julgamentos e determinam nossa postura diante dos acontecimentos. Um sistema de crenças é criado a partir do ambiente e das experiências de infância, e reflete as crenças e valores transmitidos a nós por nossos pais e pela cultura em que vivemos.

O cérebro, assim como um computador, precisa ser programado para funcionar, e o sistema de crenças é uma parte crucial dessa programação. É com base nela que o racional opera.

Diante de um acontecimento, o racional processa e reage de acordo com sua programação, para tentar resolver o problema e tentar tirá-lo da situação difícil. Você pode estar pensando: "Ah, mas eu não consigo controlar minhas emoções, não consigo mudar a forma como eu reajo aos acontecimentos da vida!" Sim e não! Não, você não pode evitar que o racional reaja de acordo com a programação que lhe foi dada, mas pode, SIM, mudar a programação.

Lembre-se de que o consciente está apenas tentando lidar e responder às ordens do límbico, ou seja, das emoções, do subconsciente. Falaremos disso mais adiante, mas o que você precisa saber agora é que é possível mudar o software do seu cérebro.

E o que devemos fazer para acessar um pouco do subconsciente? O primeiro passo é identificar as crenças que o impedem de avançar em direção a seus sonhos e objetivos, os valores que o impedem de crescer, os traumas que criaram os bugs em sua programação, e conseguir trabalhar para criar um sistema de crenças fortalecedoras.

Assim, conseguirá mudar a maneira como reage aos acontecimentos, sua visão de mundo e, com isso, seus resultados.

O segundo passo é parar de racionalizar demais, porque isso não leva a nada. Toda essa racionalização já vem maculada pelo julgamento do subconsciente. Suas reações, seu comportamento, seus sentimentos não são frutos de lógica. São apenas frutos de sua visão do mundo, de seu sistema de crenças, de como você percebe o mundo e de qual significado atribui aos acontecimentos. Não adianta tentar conversar com o córtex racional — ele só segue ordens, obedece rigorosamente à programação que lhe foi dada. Para que seja eficaz, essa mudança tem que ser na base, no subconsciente.

- Crenças.

Em meus seminários e treinamentos, sempre que pergunto aos meus alunos por que muitas pessoas não alcançam o sucesso e costumo ouvir motivos como: falta de foco, de dedicação, de persistência, procrastinação e outros. É claro que isso tudo também faz parte do motivo, mas é apenas a ponta do iceberg. A origem são as chamadas **crenças limitantes**, as raízes de todo mal. Não me refiro apenas a crenças religiosas, mas ao sistema de crenças formado em seu inconsciente e que determina seus comportamentos e resultados.

As crenças limitantes são como bugs que fazem com que o cérebro não funcione da maneira desejada, frustrando os nossos sonhos e objetivos. Elas são bolas de concreto presas ao seu calcanhar que o impedem de avançar, não importa o quanto se esforce.

- Os programadores: A criação do sistema de crenças.

Se o sistema de crenças é nossa programação, quem seriam os programadores? Costumo chamá-los de os Ps. Dentre os quais estão: **Pais, Padres, Pastores, Professores, Políticos, Parentes e Palestrantes.**

Nossos primeiros programadores são nossos pais que, junto com o ambiente e cultura a que somos expostos, moldam nossas primeiras concepções de certo e errado, valores e identidade. E por pais me refiro às pessoas responsáveis pela nossa criação, e que nos guiam e orientam durante nossa infância, que nem sempre são nossos pais biológicos.

A maior parte dessa programação, a mais enraizada e forte, ocorre na primeira infância, por volta dos 5 anos de idade, quando começa a formação de nossos sistemas de crenças. Além de nossos pais, líderes religiosos, padres e pastores exercem grande influência na construção desse sistema.

O sistema de crenças é criado de duas maneiras: por meio da repetição ou de um forte impacto emocional — eventos captados pelos nossos sentidos que afetam a dinâmica da comunicação entre neurônios.

Um estímulo positivo (reforço positivo) aumenta a probabilidade da repetição de determinado comportamento. Já um estímulo negativo (reforço negativo) cria um mecanismo de evitação ou cristaliza um sentimento de negatividade. Esse mecanismo cria uma sinapse, um caminho neural acionado por determinado gatilho. Esses "caminhos" são os responsáveis pelos seus comportamentos e hábitos, que determinarão seus resultados na vida.

Após ser criada, uma sinapse jamais será desfeita a não ser fisiologicamente, por um acidente ou uma cirurgia. É como aprender a andar de bicicleta: você aprendeu por meio da repetição, o que criou um caminho neural. Assim, mesmo após anos sem subir em uma bicicleta, você sempre será capaz de pedalar, pois a sinapse continua lá, intacta.

Embora a sinapse não possa ser apagada ou quebrada, podemos criar e fortalecer caminhos alternativos e enfraquecer o caminho ou crença limitante, devido a um processo que chamamos de plasticidade neural.

Deus é tão maravilhoso que nos deu uma máquina capaz de se recompor, e, graças à plasticidade neural, o seu cérebro consegue se recriar, fazer novas conexões.

Por exemplo, imagine alguém que, em um acidente, sofreu uma lesão cerebral que afetou uma região do cérebro responsável pelo movimento da mão. Essa pessoa perde o movimento da mão, mas começa rapidamente um processo de fisioterapia, e, por meio da repetição, o cérebro consegue reaprender e se adaptar, criando outras sinapses e desenvolvendo outra área capaz de assumir o controle dos movimentos da mão. Assim, essa pessoa recupera os movimentos.

O mesmo acontece com nosso sistema de crenças. Ainda que não sejamos capazes de apagar uma crença limitante, conseguimos enfraquecê-la a ponto de torná-la inerte. O cérebro será reprogramado para utilizar outras opções de respostas, novas crenças fortalecedoras.

Esse processo envolve repetição, a base de toda aprendizagem. Novas crenças são aprendidas e substituem as crenças limitantes. Da mesma forma que fomos capazes de aprender que éramos pobres, fracassados, gordos, incapazes, também conseguimos aprender que somos capazes, magros e ricos. Novos comportamentos e hábitos acionados pelas novas crenças gerarão novos resultados, em harmonia com nossos objetivos e sonhos.

"AINDA QUE NÃO SEJAMOS CAPAZES DE APAGAR UMA CRENÇA LIMITANTE, CONSEGUIMOS ENFRAQUECÊ-LA A PONTO DE TORNÁ-LA INERTE"

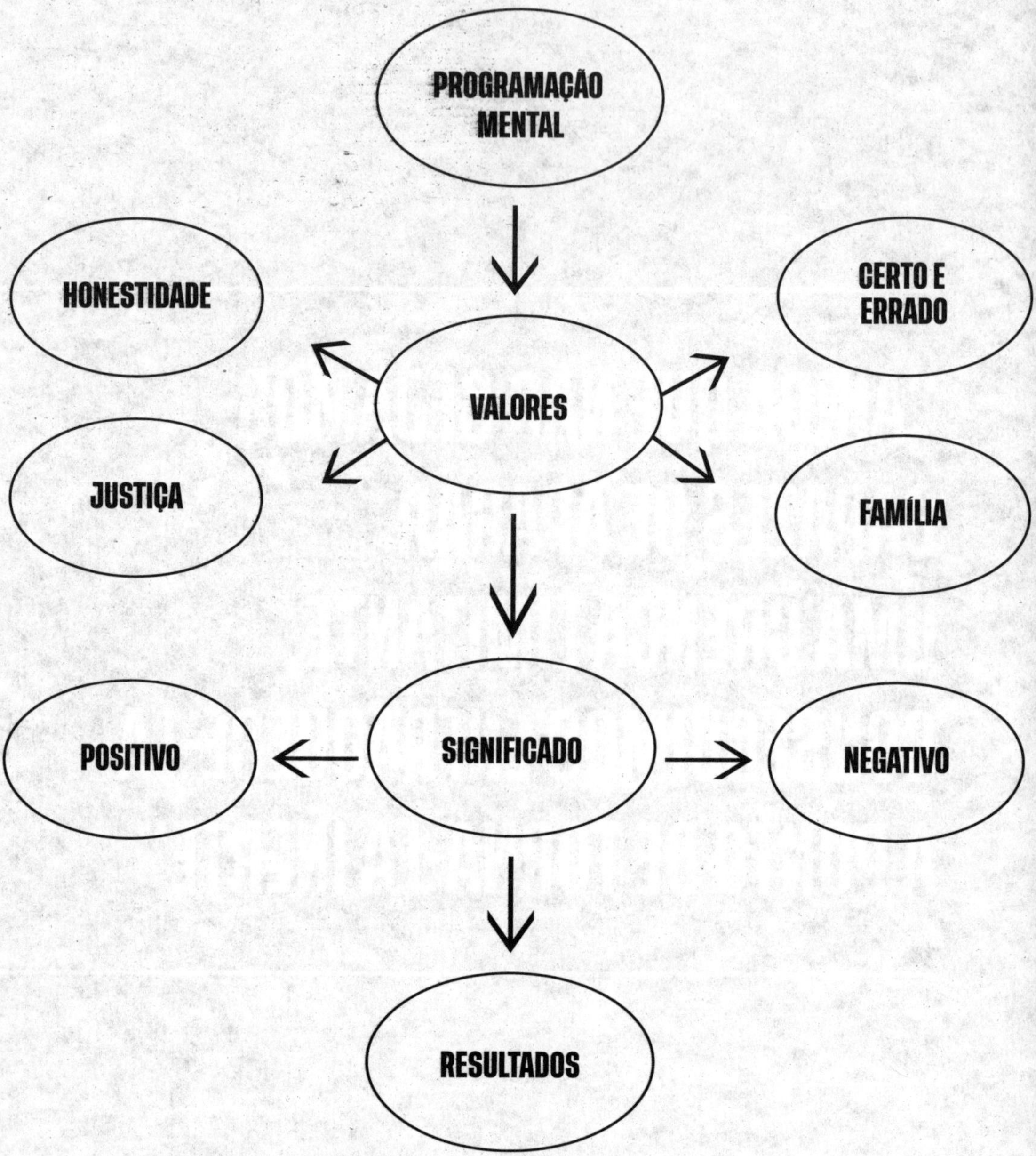
PROGRAMAÇÃO MENTAL
HONESTIDADE
CERTO E ERRADO
VALORES
JUSTIÇA
FAMÍLIA
POSITIVO
SIGNIFICADO
NEGATIVO
RESULTADOS

- Transformando seu sistema de crenças.

Comece identificando quais crenças o impedem de chegar aonde realmente deseja. Quais foram as crenças geradas em cada área da sua vida que estão impactando seus resultados? Para identificar suas crenças limitantes, basta analisar os resultados em cada área de sua vida.

Pare por alguns minutos e escreva tudo que pensa e acredita em relação a cada área de sua vida. Em seguida, leia o que escreveu e circule tudo o que reconhece como uma crença limitante.

"TODA CRENÇA LIMITANTE, MAIS CEDO OU MAIS TARDE, SE MATERIALIZA"

Não há como viver sem crenças, mas nós escolhemos quais queremos ter, de acordo com o resultado que desejamos.

Atividade 1

Inventário de Crenças

Abaixo, escreva tudo o que você acredita sobre cada uma dessas áreas. Por exemplo, na área financeira: "Acredito que dinheiro é energia; quanto mais eu planto, mais eu colho" ou "acredito que é preciso trabalhar muito para ganhar dinheiro" etc.

Financeira

____

____

____

____

Relacionamento amoroso

____

____

____

____

Saúde

____

____

____

____

____

Oportunidades

____

____

____

____

Espiritualidade

____

____

____

____

Quando terminar a leitura do livro, volte e leia o que escreveu sobre cada área da vida. Talvez, algumas coisas que você acreditava sobre cada área serão diferentes.

APRENDA A DAR SIGNIFICADO CERTO

CAPÍTULO 2

"Você não pode mudar o vento, mas pode ajustar as velas."
Confúcio

Nada no mundo tem um significado intrínseco. **Somos nós que atribuímos significado às coisas e aos acontecimentos, e esses significados são diferentes para cada um de nós**. Isso se deve ao fato deles refletirem nosso sistema de crenças, que, por sua vez, é formado a partir de valores que nos foram transmitidos e das experiências que tivemos.

"LENTES DANIFICADAS OU EMBAÇADAS PREJUDICAM E MACULAM NOSSA VISÃO DE MUNDO, E AFETAM DIRETAMENTE NOSSOS RESULTADOS"

Esse sistema de crenças age como um filtro, como lentes que afetam o modo como vemos o mundo. Nossas crenças geram significados, e significados criam ou reforçam crenças em um ciclo infinito que pode acabar se mostrando virtuoso ou vicioso, a depender de sua lente. Pessoas que atribuem significados positivos e otimistas usam lentes cristalinas que permitem que vejam o mundo com cores mais vivas. Lentes danificadas ou embaçadas prejudicam e maculam nossa visão de mundo e afetam diretamente nossos resultados.

Você deve estar pensando: "Ah, mas eu não tenho controle sobre o que acontece em minha vida. Há acontecimentos que impactam diretamente em meus resultados, que me impedem de alcançar a realização." Bem, é aí que você se engana. Ninguém vive em um eterno mar de rosas, e, como já discutimos, existem pessoas que mesmo diante da adversidade conseguem alcançar seus objetivos. Outras, por sua vez, por mais favoráveis que sejam as circunstâncias de vida, não conseguem desfrutar de uma vida plena e realizada. Seria sorte? Destino? Qual é o segredo dessas pessoas?

Gosto de explicar esse fenômeno utilizando o **Princípio de Pareto.** Esse princípio da economia afirma que, na maioria dos eventos, aproximadamente 80% de nossos resultados decorrem de 20% de nossos esforços. Isso também se aplica a nossas experiências de vida. Os acontecimentos em si representam apenas 20% do impacto que geram em nossa vida; os 80% restantes decorrem do significado que atribuímos a eles.

Embora os acontecimentos estejam, muitas vezes, realmente além de nosso controle, o modo como reagimos a eles depende exclusivamente de nós. **O significado que atribuímos aos acontecimentos é uma escolha que determina os resultados que alcançamos na vida.** Todos os recursos de que precisamos são internos. Ao escolher o significado que atribuirei às minhas experiências de vida, posso potencializar ou arruinar os meus resultados.

A dor pode ser inevitável, mas o sofrimento é opcional. Ficar triste porque uma pessoa que você tanto amava partiu pode ser inevitável, mas passar uma vida toda sofrendo por isso é opcional. O luto, a dor e a tristeza podem até nos tomar por um tempo, mas devem ter uma data para acabar.

"A DOR PODE SER INEVITÁVEL, MAS O SOFRIMENTO É OPCIONAL"

Existem pessoas que passam a vida toda sofrendo simplesmente por atribuir um significado ruim a um acontecimento, mantendo todo o foco no lado ruim. Lembre-se de que, por pior que seja um acontecimento, ele SEMPRE tem pelo menos dois lados, e o impacto — e os resultados — que ele trará em nossa vida depende de onde decidimos focar nossa energia. Os significados que atribuímos a todos os acontecimentos da vida, sejam eles bons ou ruins, dependem exclusivamente de nós, de quais lentes decidimos usar.

Digamos que você esteja em uma festa na qual a maioria das pessoas está se divertindo, mas em algum canto há um pequeno grupo se desentendendo, e você foca nesse grupo de pessoas. Ao sair da festa, a impressão que guardará e o significado que atribuirá a esse acontecimento não serão positivos. Já a maioria das pessoas que se divertiram e nem repararam na briga, acharam a festa maravilhosa.

Você pode acordar pela manhã e, a caminho do trabalho, bater o carro — e, então, se estressar, chorar, esmurrar, ficar bravo, ou se lamentar e deixar aquele acontecimento acabar com o seu dia, simplesmente devido ao significado que atribuiu a ele. Não seria melhor descer do carro, ligar para o seguro ou para o guincho e agradecer por ter um carro?

Muitas pessoas levam uma vida amargurada, presas a acontecimentos do passado, guardando mágoas, raiva e ressentimento devido a coisas que já aconteceram. A palavra ressentimento significa re-sentir, ou seja, reviver algo que já está no passado e não pode ser mudado. Se guardo ressentimento em relação a um acontecimento, é porque estou focando apenas no lado negativo.

Existe uma história antiga na qual as pessoas procuravam um velho sábio para se lamentar pelos acontecimentos ruins em suas vidas. O velho sábio, com toda sua sabedoria, ouvia os lamentos e, em seguida, contava uma piada que provocava uma enorme gargalhada. Ele esperava um momento e contava novamente a mesma piada; dessa vez, a pessoa apenas sorria. Ele contava uma terceira vez, e agora não havia mais nem um sorriso, apenas um aceno com a cabeça. Quando o sábio contava a mesma piada pela quarta vez, a pessoa respondia que não tinha mais graça rir da mesma piada sempre. Neste momento, o velho sábio dizia: "Sim, também não tem graça reclamar do mesmo acontecimento e se lamentar várias vezes. Ele já aconteceu e isso não vai mudar."

No livro: Hábitos Atômicos, James Clear afirma que: "A verdadeira razão pela qual os hábitos importam não é porque acarretam melhores resultados (embora possam fazer isso), mas porque são capazes de mudar suas crenças sobre si mesmo." De fato, **os hábitos têm o poder de reforçar ou desconstruir nosso sistema de crenças.** Portanto, se quisermos mudar nossos resultados, devemos primeiro mudar nosso sistema de crenças, ou seja, os significados que atribuímos às experiências e aos acontecimentos de nossa vida

Reclamar, lamentar, é um hábito criado por meio dos significados que atribuímos aos acontecimentos, e os hábitos são gravados no cérebro pela repetição. Da mesma forma que conseguimos criar o hábito de reclamar, consolidando o significado negativo que só será capaz de trazer resultados ruins à nossa vida, podemos criar o hábito de agradecer e focar no lado positivo da vida. E isso é poderoso,

A positividade, a escolha consciente de focar no lado bom das coisas e, assim, atribuir significados condizentes com um sistema de crenças fortalecedoras, é capaz de produzir efeitos até em sua saúde. **As pessoas que reclamam e focam no lado negativo sofrem mais de doenças do que as pessoas mais positivas.** Isso porque nosso estado emocional tem grande influência sobre nosso sistema imunológico; nossos pensamentos e foco criam nossa realidade, nossas emoções têm impacto direto em nossa saúde.

Preste atenção nas pessoas que constantemente estão reclamando de dores ou doenças: quanto mais elas reclamam, mais doentes ficam. Em um estudo conduzido pela Universidade de Harvard e o Hospital Monte Sinai, ambos nos Estados Unidos, os resultados mostraram que o pensamento positivo influencia diretamente na saúde. Combinando os dados de 15 pesquisas anteriores, que somam 229.391 voluntários acompanhados, em média, durante cerca de 14 anos, os pesquisadores demonstraram que, entre os otimistas, o risco de sofrer um evento cardiovascular, como infarto ou derrame, foi 35% menor, e o de morrer por qualquer causa caiu 14%.

O objetivo do meu treinamento no Método T.E.S.® não é substituir o tratamento médico, mas apontar um caminho, libertá-lo das amarras, para que você se engaje no processo de cura. Na verdade, muitas vezes, a depressão é tão profunda e desalentadora que nos cega, nos mantêm prisioneiros, incapazes até de procurar ajuda, simplesmente porque não conseguimos ver as coisas por meio de uma nova perspectiva.

Da mesma forma, ainda que você esteja tomando medicamentos sob a orientação de um médico, as angústias, o sofrimento, os traumas que o levam ao estado depressivo ainda permanecerão lá, latentes, esperando uma próxima oportunidade de vir à tona. Se você realmente deseja transformar a sua vida, terá que encontrar a força e os recursos adormecidos dentro de você.

Se você começar a focar mais no lado positivo dos acontecimentos e criar o hábito de expressar sua gratidão — seja pelas coisas mais grandiosas ou pelas mais simples, como o olhar do seu filho ou o alimento em sua mesa —, testemunhará, espantado, uma poderosa transformação nos significados que atribui aos acontecimentos, criando novas crenças fortalecedoras e impactando diretamente nos resultados em sua vida.

“SE NÃO PODE MUDAR UM ACONTECIMENTO, MUDE A MANEIRA COMO VOCÊ REAGE A ELE”

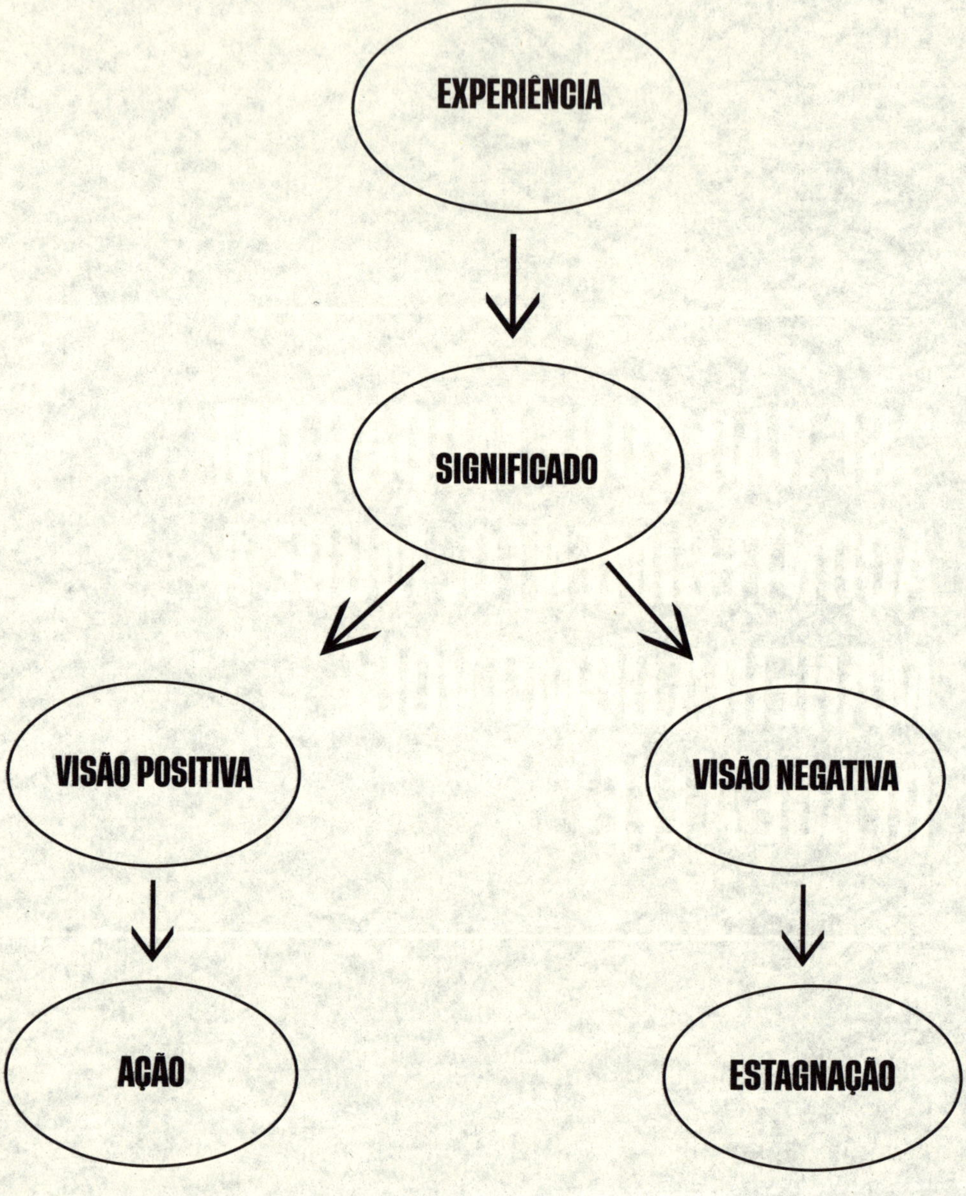
EXPERIÊNCIA
SIGNIFICADO
VISÃO POSITIVA
VISÃO NEGATIVA
AÇÃO
ESTAGNAÇÃO

Atividade 2

Experimente este exercício que passo em alguns dos meus cursos: **a prática de sete dias de foco positivo.** Nos meus treinamentos, entrego uma pulseira para meus alunos colocarem no braço direito. Cada vez que reclamarem, por menor que seja a reclamação, devem mudar a pulseira de braço, devolvendo-a ao braço direito depois de um dia. O intuito é manter a pulseira no braço direito por sete dias.

Cada vez que você reclamar, recomece a contagem. (Digamos que tenha ido bem, até o quinto dia não reclamou de absolutamente nada, mas no sexto dia você reclama; então, recomece a contagem como se fosse o primeiro dia.)

Faça este exercício e veja o resultado em sua vida apenas nesses sete dias. Use uma pulseira, um anel ou qualquer outro item para fazer a contagem. Depois, me conte a sua experiência no meu site www.andersonluiz.com.br ou no meu perfil no Instagram.

Ritual da Gratidão

Agradeça por tudo que você tem hoje, enquanto batalha por tudo que você quer.

Abaixo, escreva cinco acontecimentos bons pelos quais você é grato.

Sou grato por…

1. ______________________________
2. ______________________________
3. ______________________________
4. ______________________________
5. ______________________________

Pessoas realmente gratas são gratas até pelos acontecimentos ruins da sua vida, por entenderem que todos os acontecimentos têm pelo menos dois lados. Pessoas gratas, ainda, escolhem ver o lado positivo até dos acontecimentos negativos, porque aprendem com tudo que lhes acontecem.

Abaixo, escreva cinco acontecimentos RUINS pelos quais você é grato e por quê:

Sou grato por…

1. ____
2. ____
3. ____
4. ____
5. ____

OS PADRÕES DE PESSOAS DE SUCESSO

CAPÍTULO 3

> "Loucura é querer resultados diferentes fazendo tudo exatamente igual!"
> **Albert Einstein**

Como mencionei anteriormente, eu me tornei obcecado em obter a resposta para a seguinte pergunta: "Qual a diferença entre as pessoas que alcançam o sucesso e as que não alcançam — as que têm uma vida extraordinária e as que não têm?"

Primeiro, precisamos compreender a distinção entre normal e comum. Quanto mais um acontecimento se repete, mais as pessoas acreditam que é normal. É normal ter muitas contas para pagar, é normal trabalhar em um emprego só para pagar as contas, é normal ficar brigando com a balança e não ter um corpo saudável? Não! Tudo isso pode ser muito comum, mas não é normal! **Você não foi criado para ser pequeno; foi criado para ser gigante, fazer a diferença, ser feliz e deixar um legado.** Então, para que se conformar com o que é comum? Saia em busca de uma vida extraordinária.

“VOCÊ NÃO FOI CRIADO PARA SER PEQUENO; FOI CRIADO PARA SER GIGANTE, FAZER A DIFERENÇA, SER FELIZ E DEIXAR UM LEGADO”

Por muito tempo, acreditei que era impossível ter realmente uma vida extraordinária. E, quando digo uma vida extraordinária, quero dizer alcançar o sucesso e ser pleno em todas as áreas da vida, nas finanças, na saúde, na espiritualidade, na vida pessoal e profissional.

No entanto, quando comecei a estudar os padrões observados em pessoas que, de fato, tinham uma vida extraordinária, e as que tinham uma vida medíocre, descobri uma enorme diferença. E, então, percebi que eu seguia o padrão das pessoas que tinham resultados medíocres na vida.

Medíocre significa ser mediano, estar na média — mas eu não queria ser mediano, queria ter uma vida extraordinária e deixar o meu legado. Logo, eu precisava identificar quais os padrões das pessoas que tinham resultados extraordinários.

Descobri que o primeiro padrão das pessoas que alcançavam o sucesso eram suas crenças. A grande maioria dos homens e mulheres que alcançam o sucesso tem crenças fortalecedoras, que foram construídas com base na "programação" e em experiências de vida. Essas crenças são determinantes nos seus resultados.

O segundo padrão é a comunicação, que pode ser interna, externa, verbal e não verbal (esta última é o que chamamos comumente de linguagem corporal). Comunicação é interação, e nós estamos sempre nos comunicando, seja de modo consciente ou inconsciente. A todo momento estamos dizendo ao mundo nossas emoções e intenções, e isso reflete em como o mundo nos enxerga e nos trata. Em poucos minutos de conversa com uma pessoa, consigo identificar esses padrões e se aquela pessoa terá sucesso ou resultados medíocres na vida.

"NOSSA POSTURA, TANTO CORPORAL QUANTO MENTAL, IMPACTA DIRETAMENTE NO NOSSO ESTADO EMOCIONAL E NA NOSSA FISIOLOGIA"

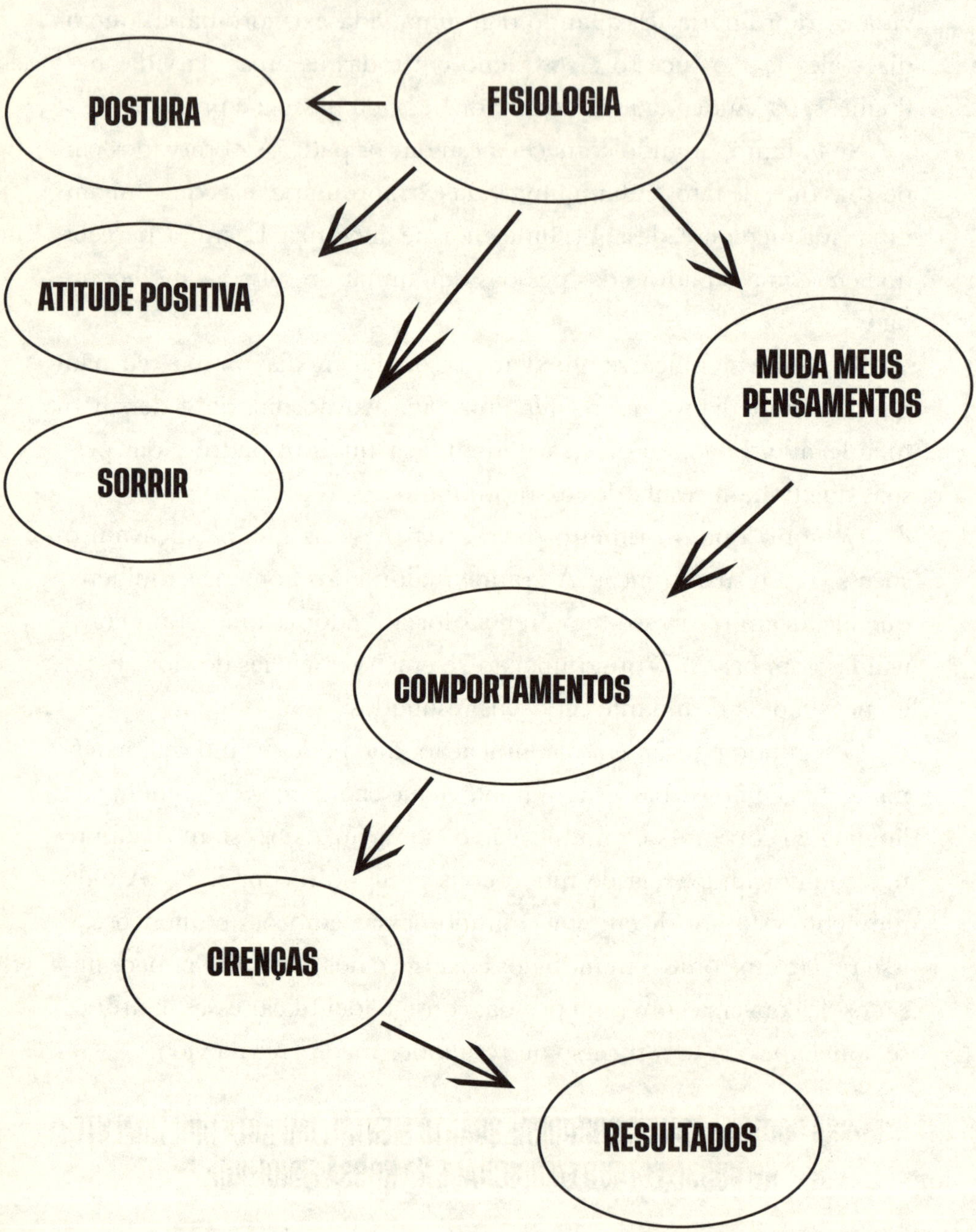
FISIOLOGIA
POSTURA
ATITUDE POSITIVA
SORRIR
MUDA MEUS PENSAMENTOS
COMPORTAMENTOS
CRENÇAS
RESULTADOS

Muitos de nós já sabemos que a comunicação interna tem grande influência sobre nossa fisiologia, nossa postura, nosso corpo, mas o que poucas pessoas sabem é que nosso corpo tem muita influência sobre nossos pensamentos e resultados.

A nossa postura, tanto corporal quanto mental, impacta diretamente nosso estado emocional e nossa fisiologia. Além disso, sendo uma forma de comunicação não verbal, nossa postura afeta o modo como o mundo nos enxerga e interage conosco. Isso, por sua vez, reflete os resultados que obtemos na vida.

Em sua TED Talk "Sua linguagem corporal molda quem você é", a professora Ammy Cuddy, da Universidade de Harvard, explica que estudos comprovam que nós fazemos inferências e julgamentos generalizados a partir da linguagem corporal, e esses julgamentos podem prever resultados muito significativos, desde quem contratamos ou promovemos até quem chamamos para um encontro.

Ainda segundo Cuddy, estudos conduzidos pela pesquisadora Nalini Ambady, da Universidade de Tufts, mostraram que, quando as pessoas assistem clipes mudos de 30 segundos de interações reais entre médico e paciente, seu julgamento sobre a gentileza do médico prevê se ele será ou não processado.

Em outro estudo com resultados ainda mais impressionantes, Alex Todorov, da Universidade de Princeton, demonstrou que julgamentos de rostos de candidatos políticos por apenas um segundo previram 70% da composição do senado norte-americano e o resultado da disputa governamental.

Assim, o que se conclui é que a comunicação não verbal está diretamente envolvida no modo como julgamos os outros, como eles nos julgam e as consequências. Mas o que normalmente esquecemos nisso tudo é que nós também somos influenciados por nossa comunicação não-verbal, por nossos pensamentos, nossos sentimentos e nossa fisiologia.

Diante de muitas evidências de que a comunicação não-verbal governa como os outros pensam e se sentem sobre nós, Cuddy pretendia demonstrar se o inverso era verdadeiro. Será que nossa comunicação não-verbal é capaz de governar como nos sentimos e pensamos sobre nós mesmos? Mais uma vez, as evidências demonstram que sim.

Sendo assim, qual a diferença na fisiologia das pessoas que têm sucesso e as que não têm? As pesquisas demonstram que as pessoas poderosas tendem a ser mais assertivas, confiantes e otimistas, o que não é surpresa. **Elas acreditam que serão vitoriosas até em jogos de sorte.**

Elas também tendem a ser capazes de pensar de forma mais abstrata, se arriscam mais. Fisiologicamente, também há diferenças em dois hormônios-chave: testosterona, o hormônio da dominância, e cortisol, que é o hormônio do estresse.

"O MODO COMO REAGIMOS A SITUAÇÕES DE ESTRESSE É O VERDADEIRO DETERMINANTE DE NOSSOS RESULTADOS"

Mas o que isso significa? Sempre se pensou na dominância e no poder como reflexo de um alto nível de testosterona, mas os resultados sugerem que o segredo da atitude de sucesso é a resposta ao estresse. O modo como reagimos a situações de estresse é o verdadeiro determinante de seus resultados. Pois, como já falamos anteriormente, o modo como encaramos as situações da vida, baseado em nossa programação, nossas crenças e nossos significados, geram um impacto direto nos resultados.

Para demonstrar sua teoria, Cuddy preparou um pequeno experimento. Ela e sua equipe pediram que os participantes adotassem, por dois minutos, tanto poses de alto como de baixo poder. Uma dessas poses de poder foi apelidada pela mídia de "Mulher-Maravilha", por sua semelhança com a clássica pose de heroína — mãos na cintura, peito estufado, queixo levemente levantado. Poses de baixo poder envolvem corpos mais curvados, mão no pescoço, e uma demonstração de proteção.

Foram colhidas amostras de saliva antes e depois dos dois minutos e, então, perguntaram quão poderosas as pessoas se sentiram em uma série de itens. Os resultados demonstraram que os níveis de testosterona entre as pessoas que experimentaram a pose de alto poder tiveram um aumento em 20%, e as de baixo poder tiveram uma queda de 10%. Quanto ao cortisol, as pessoas que tentaram a pose de alto poder tiveram uma queda de aproximadamente 25%, e as pessoas em poses de baixo poder experimentaram aumento de 15%.

Veja que incrível! Apenas dois minutos levam a mudanças hormonais que configuram o cérebro para ser assertivo, confiante e confortável, ou altamente reativo ao estresse, e se sentindo um pouco distante.

A nossa comunicação não-verbal governa não apenas o modo como os outros pensam e se sentem sobre nós, mas como nos sentimos e pensamos sobre nós mesmos.

"NOSSOS CORPOS TAMBÉM MUDAM NOSSAS MENTES"

Pense em uma pessoa deprimida, por exemplo. Normalmente ela tem uma fisionomia abatida, triste, cara fechada, ombros caídos. Essa postura alimenta os pensamentos ruins que, por sua vez, geram comportamentos ruins que produzem consequentemente resultados ruins.

Caso conheça alguém que esteja passando por um momento de depressão e queira ajudá-la, experimente o seguinte exercício, que deve ser repetido ao menos durante uma semana. Peça que a pessoa se policie para manter uma postura o mais ereta e confiante possível, um sorriso no rosto, e, sempre que for perguntada sobre seu estado, ela deve responder que está ótima e cada vez melhor.

Faça um pequeno teste aí mesmo onde está. Coloque um sorriso verdadeiro em seu rosto, erga um pouco a cabeça e se mantenha assim por alguns minutos. Mesmo que não esteja com vontade de sorrir, faça de conta que está, só por alguns instantes, e perceberá a diferença que isso fará em seu bem-estar e em seus pensamentos. **Ao alterarmos a nossa comunicação interna e externa, conseguimos mudar os resultados em nossa vida.**

Isso não significa que devemos sair por aí sorrindo o dia todo (o que seria insano e, possivelmente, você seria taxado como bobo). O objetivo é que você passe a maior parte do tempo sorrindo. Discordo muito de muitos autores de livros de autoajuda que sugerem que tudo é lindo e que na vida tudo são flores.

Nem todos os dias acordo com vontade de sorrir, e isso é totalmente normal, pois não somos máquinas, somos seres emocionais e reagimos ao mundo ao nosso redor. O fundamental é entender que podemos dominar nossas emoções, e isso começa com um processo de ressignificação e mudança de nossa fisiologia.

No Método T.E.S.®, recebo pessoas que não acreditam em si mesmas, mas, depois de passar por dinâmicas de alto impacto, em que são capazes de alterar o seu estado emocional, elas conseguem fazer coisas que até então acreditavam ser impossíveis.

Identifique seus padrões de comunicação verbal e não-verbal e comece a mudar as comunicações limitantes por comunicações mais poderosas e verá resultados extraordinários em sua vida.

“MUDE SUA COMUNICAÇÃO E MUDARÁ SEUS RESULTADOS”

Atividade 3

Comece nas pequenas coisas. A partir de agora, preste atenção em todas as frases limitantes que você usa em seu dia a dia e as substitua por frases empoderadoras. A seguir, trago alguns exemplos das mais comuns.

Identifique outras formas de comunicação verbal limitante e troque-as por uma comunicação verbal poderosa:

Palavras limitantes	Palavras poderosas
Não posso	Eu vou conseguir
Vou tentar	Vou fazer
Impossível	Possível
Estou doente	Estou ficando cada vez melhor
Gostaria de	Eu quero
Difícil	Desafiante
Problema	Questão

Sou um desastre

____

____

____

____

____

____

____

Não faço nada direito

Não vai dar certo

TORNE-SE ANTIFRÁGIL

CAPÍTULO 4

> "Saiba que são suas decisões, e não suas condições, que determinam seu destino."
> **Anthony Robins**

Você já deve ter ouvido a frase: "Nada acontece por acaso." Apesar de muito batida, ela não deixa de nos trazer uma verdade. Portanto, sucesso e fracasso também não acontecem por acaso; eles deixam rastros. Uma empresa não abre falência da noite para o dia, uma pessoa não fica obesa da noite para o dia.

"OS RESULTADOS DA SUA VIDA DECORREM DE SUAS DECISÕES DIÁRIAS E DEPENDEM ÚNICA E EXCLUSIVAMENTE DE VOCÊ"

Muitas pessoas vivem reclamando dos resultados, mas não mudam suas atitudes e decisões. A diferença entre as pessoas que alcançam o sucesso e as que ficam estagnadas é a atitude — **agir é a ponte que separa sonhos de realizações.**

Na vida, temos duas opções: assumir o banco do motorista, tomar a decisão, fazer as coisas acontecerem e criar as oportunidades, ou se sentar no banco do carona, deixar a vida se desenrolar e esperar pelas oportunidades.

Normalmente, boa parte das pessoas prefere o banco do carona por ser mais cômodo; lá, não é preciso assumir responsabilidades e, quando alguma coisa dá errado, a culpa é do motorista.

“SUCESSO E FRACASSO NÃO ACONTECEM POR ACASO, ELES DEIXAM RASTROS”

Toda vez que contamos uma história para justificar uma derrota, ensinamos ao nosso cérebro a se contentar com a resposta e que é melhor permanecer na zona de conforto.

É muito mais simples nos isentar da nossa responsabilidade e nos vitimizar. Quantas pessoas você conhece que não têm resultados satisfatórios na vida e ficam contando historinhas para justificar suas derrotas?

Talvez você conheça pessoas que estão acima do peso, e que durante a vida inteira vêm se justificando com histórias de que a culpa é do metabolismo, a culpa é da tireoide, a culpa é... e assim ela fica acomodada na zona de conforto sem fazer nada para mudar. Vale lembrar que, de fato, existem pessoas que apresentam uma dificuldade maior no controle de peso, seja por um distúrbio físico ou por questões psicológicas, mas mesmo nesses casos é possível buscar ajuda para melhorar sua condição e saúde física. As dificuldades em si não podem se transformar em uma muleta para que você deixe de procurar ajuda ou de tentar combater o problema.

Talvez você conheça uma pessoa que vive reclamando do chefe: a culpa por ela não ser promovida é do chefe; a culpa por ela não ganhar mais é do chefe; meu chefe não me valoriza; meu chefe não reconhece meu trabalho; meu chefe… e assim ela têm uma justificativa para o porquê de ela não evoluir na vida.

Esse cenário só mudará quando essa pessoa se der conta de que as coisas realmente acontecerão quando ela assumir a direção de sua vida, parar de colocar a culpa nos outros, assumir a responsabilidade e criar as oportunidades. O psicólogo norte-americano Carl Rogers chama isso de autorrealização. Para ele, o poder de criar as oportunidades na sua vida e ter grandes realizações só depende de você, mas o primeiro passo é assumir a sua responsabilidade como motorista. **Deus lhe deu a "vida"; agora, as decisões de como conduzi-la são suas.**

Estou me referindo a realizações. Você tem o poder, como cocriador de seu destino, de construir os resultados da sua vida, mas não tem o poder de mudar alguns acontecimentos — apenas de como reagir a eles. Uma pessoa que sofreu um acidente, obviamente não queria sofrer o acidente e nem foi essa sua decisão, foi um acontecimento, e os resultados da vida dela agora dependem de como ela atribuirá significado a esse acidente. Se ficará se lamentando, se vitimizando ou aprenderá algo positivo e se levantará mais forte, ensinando e ajudando outras pessoas.

No momento em que escrevo este capítulo, o mundo passa por um momento muito difícil e sombrio. Estamos diante de uma pandemia com sérias consequências mundiais. O mundo todo está tendo que reaprender um novo normal.

Isolamento social, crise econômica e milhares de mortos. Ao observarmos o que já aconteceu em outro país, que enfrentam o caos e o colapso dos sistemas de saúde, nos perguntamos como será aqui. O medo e a ansiedade tomam conta de nós, mas é justamente em momentos assim que precisamos encontrar forças para enfrentar as dificuldades.

A crise econômica e o abalo social e mental são inevitáveis, mas como sairemos desta experiência depende principalmente de nós. Obviamente que todos gostaríamos de voltar ao mundo de antes, a janeiro de 2020, e simplesmente retomar a nossa vida como antes. No entanto, isso não é mais possível, e é em momentos assim que devemos tomar uma decisão crucial. Qual significado atribuiremos a estes acontecimentos e como planejamos sair desta experiência?

“A QUANTIDADE DE DINHEIRO QUE VOCÊ ATRAI É DETERMINADO PELA QUANTIDADE DE PESSOAS QUE VOCÊ IMPACTA.”
(ANDERSON LUÍZ)

“O ANTIFRÁGIL CONSEGUE IR ALÉM, SUPERA A DIFICULDADE E SE TRANSFORMA E APRIMORA”

Ultimamente, nos acostumamos a ouvir falar de resiliência. Essa palavra tem sido usada em uma ampla gama de cenários para se referir à capacidade de enfrentamento de crises e superação de obstáculos. Resiliência é um termo emprestado da física e, segundo o Dicionário Houaiss, significa “a propriedade que alguns corpos apresentam de retornar à forma original após terem sido submetidos a uma deformação elástica”. O termo ganhou uma derivação de sentido descrita pelo mesmo dicionário como sendo “a capacidade de se recobrar ou se adaptar à má sorte ou às mudanças”.

Embora eu entenda que a resiliência, em seu sentido figurado, seja uma importante capacidade a ser desenvolvida e cultivada, neste momento, e ao enfrentarmos qualquer tipo de dificuldade ou desafio, acredito que apenas ser resiliente não basta. A resiliência, embora importante, nos priva de dar um passo além e deixa de considerar uma parte crucial da dificuldade ou do desafio: o aprendizado.

No livro: “Antifrágil: Coisas que se beneficiam com o caos”, Nassim Nicholas Taleb, professor de engenharia de riscos da Universidade de Nova York e autor best-seller de: “A Lógica do Cisne Negro”, propõe a noção de antifragilidade, que vai além da resiliência. Enquanto o resiliente resiste aos choques, ao tempo e permanece o mesmo, o antifrágil se transforma, evolui e melhora. Taleb é reconhecido como uma das maiores referências no mercado financeiro em razão de seus estudos sobre gerenciamento de riscos e incerteza.

No mundo financeiro, o conceito de “antifrágil” é, basicamente, ligado à capacidade que algo ou alguém possui de se beneficiar de situações em que existem riscos generalizados, conhecidas como situações de caos. Enquanto a grande maioria das pessoas é atingida pelo desespero, o antifrágil detém a habilidade de ser estratégico e usar o momento para lucrar. No entanto, segundo Taleb, esse conceito não se aplica exclusivamente ao cenário financeiro; ele é válido para todas as áreas da vida.

De acordo com essa lógica, que contraria o modelo tradicional de que o oposto de fragilidade é a força ou a resiliência — características de quem é capaz de suportar situações extremas sem se alterar, mas que o impedem de se aprimorar no caos, permanecendo no mesmo estado em que estava antes —, o antifrágil consegue ir além, supera a dificuldade e se transforma e aprimora. Taleb afirma que dizer que a resiliência é o oposto da fragilidade é como dizer que neutro é o oposto de negativo.

O sucesso, como discutimos anteriormente, não acontece por acaso. E o caminho para grandes realizações é repleto de desafios e dificuldades. E, sem uma atitude antifrágil diante da vida, o máximo que vamos conseguir é não sair do lugar. Resiliência.

As experiências, tanto as boas como as más, precisam servir como aprendizado. Precisamos entender que não haverá grandes conquistas em nossa vida sem antes passarmos por uma grande preparação: os desafios.

Gosto de uma história que ilustra esse cenário. Certa vez, um agricultor ficou até tarde da noite trabalhando no campo, chegou em casa de madrugada e seu filho pequeno o esperava sentado na sala. O pai levou um susto, pois já era tarde e o garoto não havia dormido. Então, se sentou ao lado do filho e perguntou por que ele ainda estava acordado. O menino respondeu que estava acordado porque também precisava fazer uma pergunta para seu pai.

Ele perguntou por que o pai estava trabalhando até tarde se ainda não era época da colheita nem de semear. Ao que o pai respondeu: "Filho, antes da colheita existe a preparação. Eu estava no campo até agora preparando e arando o solo, para somente daqui a alguns dias plantar."

O garoto continuou sem entender por que o pai não poderia simplesmente plantar sem arar o solo, e o pai novamente lhe explicou que,

“A ANTIFRAGILIDADE É A CAPACIDADE DE ENCARAR OS EVENTOS ADVERSOS DE FRENTE E SE APERFEIÇOAR” se jogasse a semente diretamente no solo sem prepará-lo, a semente não absorveria os nutrientes necessários para crescer forte e dar frutos.

Nossa vida é como um campo cultivável. Antes até de plantarmos uma grande conquista, é preciso uma grande preparação. Se quisermos alcançar algo grandioso, precisamos entender que a maioria dos acontecimentos ruins na nossa vida é uma preparação para que possamos chegar ao topo, ao ápice.

Quando tomamos consciência disso, passamos a encarar esses acontecimentos como dádivas, algo que acontece para nos deixar mais fortes e mais preparados. No entanto, para que possamos conseguir encará-los dessa maneira, precisamos entender a regra de que nada nem nenhum acontecimento em nossa vida tem significado e importância; somos nós que atribuímos significado e grau de importância a cada acontecimento.

Precisamos desenvolver a antifragilidade, aprendendo e nos aprimorando com as experiências e os desafios. São as nossas decisões diárias de comunicação e comportamento que produzem resultados de sucesso ou fracasso na nossa vida.

"DIANTE DE UM ACONTECIMENTO RUIM, SEMPRE TENHO DUAS OPÇÕES: ME LAMENTAR E SOFRER OU ENCARAR E APRENDER"

Se quero prosseguir na caminhada em direção ao sucesso, preciso encarar a vida como um autorrealizador, como alguém que encara os acontecimentos ruins, aprende e se torna mais forte, um antifrágil, e não alguém que se abate e se vitimiza por tudo. Em suma, precisamos mudar a nossa atitude diante das dificuldades e desafios da vida. Precisamos revisar nosso sistema de crenças e de atribuição de significado. Precisamos desenvolver a antifragilidade, aprendendo e nos aprimorando com as experiências e desafios. Só assim estaremos preparando um solo fértil para semear e plantar nossas grandes realizações.

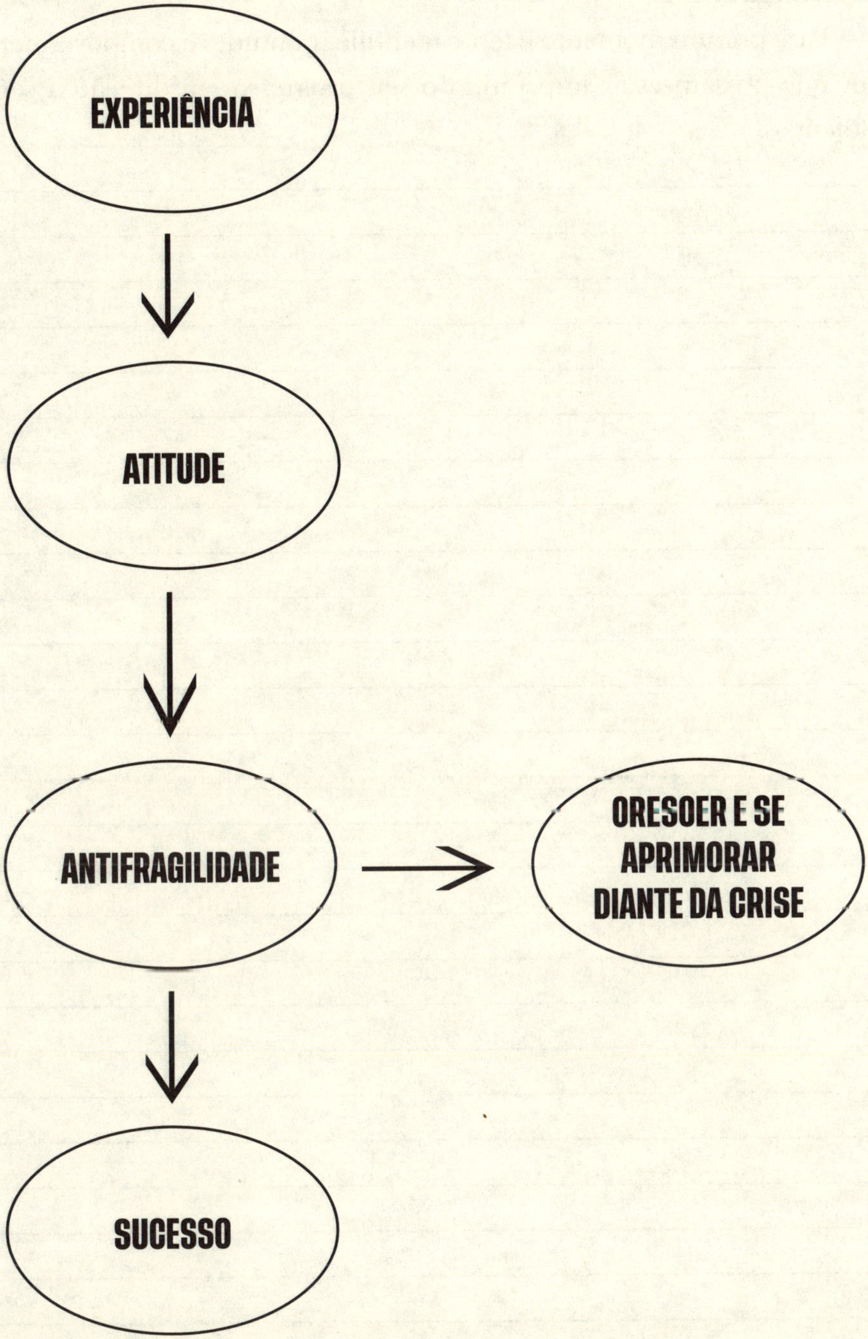
EXPERIÊNCIA
ATITUDE
ANTIFRAGILIDADE
CRESCER E SE
APRIMORAR
DIANTE DA CRISE
SUCESSO

Atividade 4

Pare por um momento e tente identificar atitudes e comportamentos que possam estar impedindo o seu progresso em direção a seus objetivos.

DECISÃO DETERMINA DESTINO

CAPÍTULO 5

A primeira pergunta que você precisa responder para conquistar riquezas em todas as áreas de sua vida é: **"Quem é você?"**. Entenda que a situação que você enfrenta hoje é uma condição, e não o seu destino final.

A maioria das pessoas não sabe quem realmente é. Elas buscam conceitos prontos para se definirem. No entanto, é preciso compreender que quando nascemos, somos criaturas cheias de potencial, seja da criação ou destruição. Essa é a nossa primeira fase.

Mas, já na segunda fase, essa essência começa a ser abafada, isso porque as pessoas ao seu redor começam a falar o que você tem que ser, fazer e como deve se comportar. Nesse momento, o seu potencial de criação começa a ser diminuído por seus pais, amigos e professores que começam a determinar quem você é.

Diante disso, você começa a ser ferido, e passa a usar máscaras para suprir as expectativas das pessoas, passando a vida toda acreditado que você é essa máscara que usou para ser aceito ou querido, mas isso não é verdade. Você foi programado para parecer que é. Esses acontecimentos geram insegurança e medo porque te fazem perder o contato com aquilo que é de verdade, e por perder isso, não consegue viver uma vida de prosperidade, carregando assim mágoas e ressentimentos por toda a vida.

Não estou dizendo que essas situações não vão mais existir, mas você não pode carregá-las para sempre, precisa se curar rápido. Enquanto você não entender que está usando uma máscara, não entrará em contato com sua essência. Talvez, essa máscara esteja escondida atrás de palavras bonitas, como, por exemplo: "Sou uma pessoa forte"; "Sou destemido". Mesmo que essas palavras sejam positivas, elas podem se comportar camuflando aquilo que você é de verdade.

Quero que você entenda quem é de verdade. Muitas pessoas dizem que são a imagem e semelhança do Criador. Na teoria isso é muito bonito, mas, na prática, o que significa? A Bíblia traz esse texto em Gênesis 1:26 que diz: "Façamos o homem à nossa imagem e semelhança". Para que você entenda, **isso significa que você tem dentro de si o poder da criação.**

Isso, de fato, quer dizer que se existe algo em sua vida que não está como você gostaria que estivesse, pode ser mudado criando uma vida nova. O poder da criação e da destruição estão dentro de você, e todos os dias você toma a decisão de criar ou destruir algo, desde as mínimas decisões.

Entenda, você não é Deus, mas é como Ele, e conectado a Ele tem o poder da criação. E tudo aquilo que não está como você gostaria que estivesse, é uma questão de condição. Você pode criar uma vida nova e ter resultados novos.

"TODA CONDIÇÃO É MUTÁVEL, NÃO É DESTINO FINAL"

Todos os dias, ao acordar, você tem em suas mãos o poder de criar um relacionamento próspero e feliz ou destruir o seu relacionamento. Você tem o poder de criar um corpo saudável ou destruí-lo. Tem o poder de criar a saúde mental, ou destruir essa saúde. **Cada decisão**

que você toma, ou está criando, ou destruindo algo. Reflita: "O que você está criando e o que está destruindo em sua vida?"

O interessante é que o jogo da sua vida pode mudar em um instante. Sua vida financeira pode ser transformada, assim como você pode deixar os vícios rapidamente. Para Deus, a criação do mundo se deu como um estalar dos dedos, e a sua vida pode mudar com a mesma rapidez.

Você pode até me dizer: "Anderson, leva muito tempo, eu tenho muitas feridas dentro de mim e demoram para sarar." Ou pode dizer: "Anderson, estou viciado há 20 anos, leva muito tempo para sair disso." Essas situações podem ser transformadas em um piscar de olhos. A sua vida pode mudar em um instante.

Existe uma diferença entre querer mudar a vida e decidir mudá-la, assim como existe diferença entre querer sair da depressão e decidir sair dela. A decisão é algo rápido, e isso leva a um compromisso com aquilo que precisa ser mudado.

A decisão te leva a se comprometer em construir uma vida financeira inabalável, em curar suas emoções, a esquecer o passado. **Decisão é o compromisso que leva uma pessoa a realizar ações que geram o resultado esperado.**

Se você deseja esquecer um antigo relacionamento, por exemplo, deve se dedicar a fazer a gestão dos seus pensamentos para que seus sentimentos sejam mudados, logo, suas ações serão diferentes.

De outra forma, se você está obeso e precisa perder peso, pare de usar a tireoide, a idade ou qualquer outra coisa como desculpa para não emagrecer. Faça um compromisso com você, caminhe quinze minutos, faça um treino, vá a uma nutricionista e essa situação será resolvida.

Se o seu problema é a procrastinação, sinto dizer que não há um pó mágico que acabe com isso. A única maneira de deixar de procrastinar é fazer as coisas quando devem ser feitas, é acordar assim que o relógio toca, por exemplo.

“DECISÃO É SE COMPROMETER EM CRIAR UMA VIDA ABUNDANTE”

Seja qual for a situação que você precisa mudar, o primeiro passo é se comprometer consigo mesmo.

"DECISÃO DETERMINA DESTINO"

Entenda uma coisa: **nascer pobre é condição, morrer pobre é decisão.** Você pode criar as suas oportunidades. Se você quer atrair um relacionamento próspero, precisa se tornar a pessoa que deseja atrair. Essa é a diferença entre decidir e querer. **O que determina o seu destino são as suas decisões.**

Muitas pessoas passam anos em um emprego que não gostam, tentando fazer alguma coisa que não é exatamente o que amam, correndo um grande risco de desistirem. E por viverem apenas sonhando em um dia realizar algo, elas continuam fazendo o que não gostam, e desistindo de seus sonhos por considerarem-nos impossíveis. Essas pessoas são ensinadas a desistirem e a obedecerem aos limites impostos pelos outros, abandonando os seus sonhos e se conformando com a vida que vem levando.

Esquecem que oportunidades existem, mas, na maioria das vezes, elas estão dentro de nós e sequer percebemos. A criação é o grande poder que você tem em suas mãos, e isso se reflete em suas decisões. Se o lugar em que está não agrada, você tem o poder de sair e fazer algo diferente.

Eu reconheço esse poder em mim. Se estou em um lugar que não me faz bem ou em uma mesa na qual a conversa não me agrada, peço licença, levanto e saio sem dar satisfação para ninguém. O problema é que você quer agradar a todo mundo, suprir as expectativas dos outros, e é por isso que deixou de ser você mesmo e está sofrendo.

Por causa disso, talvez hoje você se encontre em um emprego que não gosta, está em um relacionamento que não tem o mínimo de companheirismo, sua vida financeira está ruim, porque a vida toda vem usando uma máscara para ser aceito pelos outros.

O que você quer mudar? O que não está de acordo com a sua vontade na sua vida? Tome a decisão de agir agora mesmo.

"A DOR DURA O TEMPO QUE VOCÊ A DEIXAR DURAR"

Ela é inevitável. Você sentirá dores, porém, o tempo que permanecerá sentindo só depende de você. O jogo aqui da Terra não é sobre escolher o prazer que você quer ter, e sim as dores que suporta sofrer para alcançar o prazer que deseja. **A sua dor dura o tempo que você quiser.** É você o senhor do seu destino. É natural que chore, se lamente, mas deve colocar data para acabar com essa dor, porque uma dor que não acaba se transforma em sofrimento.

Existem pessoas que estão sofrendo há décadas porque não assumem o poder da criação, vivem na espera de que alguém venha ajudá-las. Esse é o poder que a vítima tem. Ela não vai conhecer uma vida próspera porque fica lamentando suas dores por toda a vida. **Se curar de suas dores é sua responsabilidade e dever.** Você pode se conectar com o criador e pedir para que Ele o ajude.

Muitas pessoas dizem que Deus está no controle da vida delas, mas posso dizer que esse é um pensamento errado. Deus cuida da sua vida, quem controla ela a partir de decisões, é você mesmo. Deus te dá a visão de onde você pode chegar, mas não caminha o caminho por você. Ele mostra de onde você tem que sair para deixar de sentir dor, mas não toma essa atitude por você. Ele faz o impossível, pois o possível depende de você.

As pessoas não tomam decisões e empurram tudo com a barriga porque decidir é doloroso. Você precisa abrir mão de alguma coisa, mas é isso que garantirá uma vida próspera e feliz.

Talvez, você esteja procrastinando decisões por meses, anos, ou pela vida inteira, mas desejo que a partir deste livro você tome as decisões que precisam ser tomadas e assuma o compromisso de agir de acordo com essa decisão.

Se você decide mudar sua vida financeira, seu casamento ou seu corpo e sua saúde, a partir de agora começará a investir tempo, energia e dinheiro em treinamentos para mudar essa situação.

O que você está procrastinando há muito tempo? O que já deveria ter decidido e ainda não decidiu por causa do medo? O medo aponta para a morte, mas pior do que morrer é não viver por medo de fazer as coisas.

Entenda que não estou falando que é fácil, muito menos gostoso, vai doer, mas isso será por um tempo limitado, e o prazer que sentirá depois é impagável. Mesmo que você não goste das atitudes que precisa tomar, saiba que quem faz o que gosta são as crianças. Adultos fazem o que precisa ser feito. Que vida você decide criar?

Pare de colocar a culpa nos outros ou terceirizar a responsabilidade da sua mudança. Mude a partir de agora! **A dor que você vai sentir é o preço a ser pago por sua liberdade.**

Nós herdamos essa programação em nossa mente, nos tornamos pessoas que não somos em essência, que não refletem a imagem e semelhança do Criador, mas também herdamos o poder de mudar tudo isso.

“DEUS TE DÁ A VISÃO DE ONDE VOCÊ PODE CHEGAR, MAS NÃO CAMINHA O CAMINHO POR VOCÊ”

Atividade 5

Reflita por um instante e responda:

1. Você sabe responder com clareza: quem é você?

____

____

2. O que você está procrastinando há muito tempo? E por quê?

____

____

3. O que já deveria ter decidido e ainda não decidiu por causa do medo?

____

____

4. Quais decisões precisará tomar para que se aproxime cada vez mais dos resultados que quer alcançar?

____

____

5. O quanto você está comprometido em ir em busca dos seus objetivos?

____

____

PREPARAÇÃO E OPORTUNIDADE

CAPÍTULO 6

> "Aquele que não luta pelo futuro que quer deve aceitar o futuro que vier."
> **Autor Desconhecido**

Agora que você já sabe sobre a importância de sair do banco do carona e assumir a direção de sua vida, e que só consegue ter uma vida extraordinária quem toma a decisão de sair de sua zona de conforto e assumir riscos, ao mesmo tempo, em que cria as próprias oportunidades e toma decisões, é hora de ir mais além.

No entanto, não posso deixar de mencionar aqui que depois que você conseguir alcançar sucesso em sua vida, começará a perceber determinados comportamentos das pessoas ao seu redor, como, por exemplo, dizerem que você tem sorte. Costumo dizer que quanto mais eu me preparo, mais sorte eu tenho, **pois a sorte é o encontro da preparação com a oportunidade.**

O quanto você tem se preparado? Sua sorte depende diretamente de ações efetivas na direção de seus objetivos. Quantas pessoas você conhece que querem ter uma vida financeira extraordinária e não conseguem, ou que querem abrir a própria empresa e continuam trabalhando de empregados uma vida toda? Quantas pessoas você conhece que querem começar a praticar atividades físicas e nunca dão sequer o primeiro passo? Falaremos sobre o motivo dessa inação da maioria das pessoas, mas antes de tudo precisamos entender que para alcançar um objetivo, seja ele grande ou pequeno, precisamos estar dispostos a pagar o preço, sair da zona de conforto e entrar na zona de confronto.

Existem duas forças que comandam o nosso cérebro nas tomadas de decisões. Essas forças são a dor e o prazer. O nosso cérebro faz de tudo para nos afastar da dor, e faz mais força ainda para nos aproximar daquilo que nos causa prazer. A grande força que nos mantém na zona de conforto é o prazer. O nosso cérebro prefere o prazer a curto prazo, então ele molda os nossos comportamentos para buscarmos o prazer imediato; mas isso pode ser prejudicial para nossos resultados.

No final dos anos 1960 e início dos anos 1970, uma equipe liderada pelo psicólogo Walter Mischel, na época professor da Universidade de Stanford, conduziu um estudo sobre recompensa postergada que se tornou conhecido em todo o mundo como experimento do marshmallow.

O experimento consistia em deixar uma criança sozinha em uma sala de frente para uma mesa em que havia uma guloseima (que podia ser um marshmallow, um cookie ou um pretzel). A única informação que os pesquisadores davam para a criança era que se quando eles voltassem na sala a guloseima ainda estivesse lá, ela ganharia mais uma e, aí sim, poderia comê-las.

Algumas das crianças conseguiram resistir à tentação e esperar por um prazer maior a médio prazo; já a grande maioria comeu a guloseima assim que o pesquisador saiu da sala, demonstrando que a maioria de nós busca o prazer a curto prazo, e isso muitas vezes pode nos causar prejuízo.

As mesmas crianças foram avaliadas anos mais tarde na fase adulta, entre os 27 e 32 anos, e os pesquisadores confirmaram que as crianças que esperaram para ganhar o segundo marshmellow, ou seja, postergaram a recompensa, se tornaram adultos mais decididos, assertivos, otimistas, com maior autoestima, e eram mais eficazes para atingir metas a longo prazo.

A procrastinação é um dos principais fatores que nos impedem de alcançar nossos objetivos. Na maioria das vezes, procrastinar é um mecanismo de defesa acionado pela associação de uma dor (aqui entendida como um sofrimento, uma ação que causa algum tipo de desconforto, em oposição à sensação de prazer) à tomada de determinada atitude, e pela tendência do cérebro de buscar primeiro o prazer a curto prazo.

Por exemplo, a pessoa que sabe que precisa praticar atividades físicas e fica adiando, na verdade, está respondendo a uma neuroassociação cerebral da atividade com dor e, diante da possibilidade de uma experiência negativa, o cérebro passa a buscar alternativas prazerosas, como ficar em casa, relaxando e comendo.

Para quebrarmos o ciclo da procrastinação, precisamos mudar a nossa forma de encarar determinada atividade, transformando as ações essenciais para o nosso desenvolvimento, para que atinjamos nossos objetivos em neuroassociações positivas (de prazer). No exemplo anterior, significa associar a prática de atividades físicas a um prazer, e a ausência de exercícios à dor. Para isso, posso alimentar o meu corpo fisicamente, depois de praticar atividades físicas regularmente, e outras que mostrem ao cérebro os diferentes cenários de dor que não me cuidar, não praticar atividades físicas e não fazer dieta podem acarretar minha saúde.

Enquanto você fica esperando o momento perfeito, outras pessoas estão agindo, tomando atitudes, saindo da zona de conforto. Então aja, faça, parta para ação.

Para sair da zona de conforto, você precisa mostrar para o seu cérebro toda dor resultante da inércia, e todo prazer que pode ser obtido ao sair da zona de conforto e partir para ação. Muitas pessoas ficam esperando o momento perfeito para agir, para iniciar uma dieta, para começar uma nova empresa. Gosto de dizer que o feito é melhor do que o perfeito, porque o perfeito pode nunca acontecer.

Comece fazendo um pequeno exercício.

Escreva a seguir uma atitude que precisa tomar, mas vem procrastinando:

Qual a dor você percebe que está associando à ação e que te impede de tomar essa atitude:

Qual dor você sofre em médio e longo prazo se não tomar essa atitude:

Agora, descreva todo prazer que poderá experimentar em médio e longo prazo se tomar essa atitude:

"NÃO IMPORTA SE SEU OBJETIVO É GIGANTESCO OU SIMPLES DE ALCANÇAR – SEM AÇÃO, VOCÊ NÃO CONSEGUIRÁ ATINGI-LO."

Então, **a primeira coisa que precisamos fazer em busca de nosso objetivo é agir.** No entanto, só agir não basta; é preciso agir certo, na direção certa, pois ações erradas só servirão para gastar energia e perder tempo.

Costumo ilustrar esse fato com a história de um rei, o mais rico de sua época, que resolveu fazer uma competição. Ele revelaria onde estava escondido um tesouro valiosíssimo, mas achar esse tesouro não seria tão fácil assim. Quem quisesse entrar no jogo precisaria percorrer um longo caminho para chegar até o local.

Dois amigos resolveram participar e receberam o mapa do tesouro perdido apenas com a rota para seguir até o tesouro, e, assim, iniciariam a sua jornada. Mas cada um resolveu tomar um caminho diferente. O primeiro seguiu pelo norte, caminhou durante vários dias e várias noites até chegar ao ponto no qual estava escondido o tesouro. Quando chegou, ele vibrou, comemorou e começou a cavar.

Depois de cavar o máximo que pôde com as mãos até não aguentar mais de tanto cansaço, chegou um mensageiro do rei e disse para ele parar de cavar, pois o tesouro já havia sido encontrado pelo seu amigo. Ele ficou indignado e sem entender, mas quando se reencontrou com o amigo percebeu que ele estava observando a orientação do mapa de cabeça para baixo, o que o fez tomar o caminho errado até o tesouro. Os dois agiram — a diferença é que um agiu certo e de maneira eficaz, enquanto o outro seguiu pelo caminho errado e acabou de mãos abanando.

O grande problema é que a maioria das pessoas não sai do planejamento, do vislumbre do sonho. Quantas vezes você já fez listas de metas para o ano novo que não saíram do papel? **O planejamento e a identificação de metas e ações a serem tomadas são passos importantes, mas não são de modo algum suficientes.**

Muitas vezes, o planejamento acaba se deparando com a barreira da falta de conhecimento em relação às ações corretas para alcançar suas metas, em direção à vida extraordinária com que tanto sonha.

Por muito tempo da minha vida, fui obeso. Aliás, desde que me conheço por gente, a maior parte da minha vida fui gordo. Me lembro muito bem de como isso era difícil e o quanto de chacota tive que enfrentar na época da escola. Na adolescência tudo continuava igual, eu sabia que precisava emagrecer, mas não agia, ficava apenas no sonho, no planejamento.

Tudo começou a mudar depois que passei a investir em conhecimentos e conhecer ferramentas de alta performance. Estudando os homens e as mulheres mais bem-sucedidos do mundo, aprendi que, para alcançar qualquer objetivo na vida, eu precisava sair do planejamento e o primeiro passo seria colocar isso no papel.

Na década de 1950, na Universidade de Yale, nos Estados Unidos, conduziram uma pesquisa com estudantes da área de negócios. A pesquisa consistia simplesmente em perguntar aos acadêmicos quais eram os seus planos para depois que concluíssem a graduação. Os resultados constataram que, dentre os entrevistados, 87% não sabiam ainda o que faria; 10% tinham uma ideia em mente em que trabalhar após a graduação; e apenas 3% tinham uma ideia bem clara e definida dos seus objetivos, haviam colocado as metas no papel e desenhado um plano para atingir seus objetivos.

Pesquisas de acompanhamento, 20 anos mais tarde, revelaram que esses mesmos universitários, os 3% que tinham uma ideia clara e definida no papel de seus planos e metas, valiam financeiramente 3 vezes mais do que os outros universitários.

Agora, vou guiá-lo por um pequeno roteiro para que alcance qualquer objetivo que desejar na vida. O que precisa ficar claro é que o primeiro passo é a ação. Então, você precisará realmente colocar no papel o que lhe mostrarei a seguir, de modo que o caminho fique claro para você. Afinal, como diz a célebre frase de Lewis Carroll em sua obra: Alice no País das Maravilhas: "Para quem não sabe para onde vai, qualquer caminho serve."

Então, juntos vamos traçar o caminho para que você alcance o seu objetivo, seja ele pequeno ou grande. Vamos transformá-lo, juntos, em uma grande conquista. No entanto, antes de estabelecer um objetivo, é preciso entender que vivemos em um mundo abundante. Em uma era de abundância, a tecnologia tornou as coisas muito mais acessíveis. Este é um mundo em que é possível que um jovem de 15 anos se torne um milionário em poucos dias.

Na internet, há uma infinidade de recursos à disposição para sua busca da vida de seus sonhos. Então, antes de estabelecer o objetivo que deseja alcançar, tenha isto em mente: **você vive em um mundo abundante, portanto, estabeleça um objetivo abundante e não pequeno, algo que realmente o aproxime da vida extraordinária que deseja ter.**

Primeiro, proponho entendermos qual a real diferença entre objetivos e metas. Para simplificar, basta entendermos que **objetivo é o destino final da jornada**, enquanto as **metas são o passo a passo a ser seguido a fim de alcançar o seu objetivo.**

Antes de colocar suas metas e seus objetivos no papel, precisamos seguir alguns princípios. Para estabelecer um objetivo, é preciso compreender que o nosso cérebro requer especificidade. Por exemplo, digamos que o seu objetivo seja emagrecer; simplesmente determinar que quer emagrecer não é um objetivo específico, pois se conseguir perder cem gramas em três meses, para o seu cérebro, o objetivo foi atingido.

Para especificar melhor para o seu cérebro o que você deseja, estabeleça um parâmetro, por exemplo, emagrecer dez quilos até determinada data. Então, ao descrever o seu objetivo e suas metas, seja bem específico.

A seguir, escreva qual o objetivo que você deseja alcançar e especifique o máximo possível.

“ALÉM DE AGIR É PRECISO QUE AS AÇÕES SEJAM MASSIVAS E NA DIREÇÃO CERTA”

Objetivo:

____

____

____

Data limite para alcançar: __/___/____

Agora é a hora de especificar as metas — como eu disse anteriormente, as metas são o passo a passo para alcançar o seu objetivo.

Para que possamos atingir nossas metas, precisamos seguir alguns critérios que envolvem rituais, alavanca e guardiões. Explicarei cada um desses critérios para que você consiga realizar suas metas e alcançar o seu objetivo.

O PODER DOS RITUAIS

CAPÍTULO 7

Todos nós praticamos rituais diariamente. Desde a hora em que acordamos até o momento em que iremos dormir, existem rituais praticados de forma inconsciente e consciente, e ambos têm influência direta nos nossos resultados e na nossa qualidade de vida.

Um exemplo de ritual inconsciente acontece no momento em que despertamos. Quando você aperta o botão "soneca" no despertador, está praticando um ritual por meio do qual diz ao seu cérebro que prefere ficar dormindo do que acordar. Quando isso acontece, é o mesmo que dizer que a vida não vale a pena e que é muito melhor ficar dormindo.

No entanto, chega uma hora em que você precisa acordar e levantar, mas, quando isso acontece, seu inconsciente já está condicionado a viver uma vida que não vale a pena. Assim, **o meu primeiro conselho transformador é o de não colocar o seu despertador no modo soneca.**

Os rituais conscientes são atitudes que tomamos cientes, ou pelo menos achando que estamos cientes do que estamos fazendo, como, por exemplo, ao decidir comprar coisas de que não precisamos ou comer um alimento que não é saudável. Estes são rituais que afetam a vida financeira e a saúde e, que trarão resultados bons ou ruins, dependendo dos tipos de atitudes tomadas durante o dia.

Qual o seu ritual financeiro? Você é o tipo de pessoa que investe e busca aprender mais sobre dinheiro ou que não controla suas finanças?

"SEU FUTURO FINANCEIRO NÃO DEPENDE APENAS DO QUANTO VOCÊ GANHA, MAS TAMBÉM DO QUANTO VOCÊ GASTA"

Existem pessoas que gastam dinheiro que não podem, para comprar coisas de que não precisam, para mostrar a pessoas que não se importam com elas. Talvez, você também esteja cometendo esse erro, contudo, esse é o momento ideal para refletir sobre isso.

Para ter sucesso financeiro, é preciso ter rituais diários que o levem a esse objetivo. Um ótimo ritual é controlar as entradas e as saídas — fazer uma tabela ou baixar um aplicativo no smartphone para lançar todos os seus gastos, bem como suas entradas, a fim de começar a acompanhar o seu fluxo de entradas e saídas.

Quais são seus rituais de saúde? As decisões que você toma no seu dia a dia quanto à alimentação e aos exercícios físicos estão aproximando-o ou afastando-o da saúde e do corpo que deseja ter? É importantíssimo analisar se nossos rituais estão nos levando em direção aos nossos objetivos.

Sempre gostei de estudar pessoas de sucesso e o que elas fizeram para chegar lá, e se tem uma coisa que homens e mulheres de sucessos têm em comum são rituais poderosos que criam resultados extraordinários. Existem alguns rituais básicos que a grande maioria deles faz, e eu os compartilharei com você.

- **Ritual pré-sono** - Hora de dormir é hora de dormir. Então, não leve o celular para cama e, de preferência, mantenha o quarto totalmente escuro. Isso facilitará a produção de melatonina, o hormônio responsável pela indução ao sono; ela influi no ritmo circadiano, o ciclo de sono-vigília, e sua liberação é inibida pela luminosidade.

O período pré-sono é o melhor momento para programar o seu cérebro para os acontecimentos do dia seguinte, uma vez que, nele, você está totalmente acordado. É nesse momento que você pode fazer uma programação poderosa em seu cérebro, pois nosso inconsciente fica suscetível a gravar novas informações. Assim, repita mentalmente frases positivas, declarando que o seu dia será incrível; foque e crie imagens de tudo de bom que você quer que aconteça no seu dia; diga para seu cérebro acordá-lo motivado e feliz; repita o horário em que deseja acordar.

Experimente: os resultados são espantosos. Você ficará impressionado em ver como o seu cérebro é eficiente em seguir ordens, desde o horário que você o programou para acordar até os sentimentos de alegria e motivação. Pode parecer besteira, mas isso o ajudará a acordar mais motivado e entusiasmado, o que refletirá nos resultados de seu dia.

- Primeiro ritual matinal - Acorde, sem usar o modo soneca, e coloque um sorriso no rosto por pelo menos dois minutos, pensando somente em coisas boas que podem acontecer no seu dia. Estudos sobre fisiologia demonstram que um sorriso verdadeiro aumenta a produção de serotonina, o neurotransmissor regulador de humor; então, começar o seu dia sorrindo é uma ótima maneira de trazer mais felicidade para sua rotina.

Antes mesmo de se levantar, abra os olhos, coloque um sorriso no rosto e permaneça na cama por alguns instantes, sorrindo.

- Segundo ritual matinal - Beba água. É bom que sua primeira “refeição” do dia seja um copo de água com pH acima de 10. (pH significa o poder de oxidação da água, o quanto essa água ajudará a alcalinizar o seu corpo. A alcalinização ajuda a remover as impurezas do corpo.)

Água da torneira tem o seu pH normalmente perto de 5, o que não é muito eficaz para esta finalidade; procure, então, beber água mineral com pH acima de 10.

- Terceiro ritual matinal - Minutos de gratidão. Independentemente da sua fé ou religião, tire alguns minutos pela manhã para agradecer pela vida, pelo dia, pela família, pelo que você desejar. Fique alguns minutos apenas agradecendo. O ato de agradecer aumenta a produção de ocitocina, o neurotransmissor do amor.

Ser grato é emanar para o universo uma energia que voltará para você trazendo todas as coisas boas que deseja; então, agradeça todos os dias pela manhã por pelo menos cinco coisas ou acontecimentos da sua vida.

- Quarto ritual matinal - Silêncio. Todos os grandes nomes da humanidade sabiam a importância do silêncio, de ficar só e se concentrar no momento presente. A meditação é como se fosse um relaxamento para o cérebro. Ela ajuda a otimizar o seu dia, bem como a tomar decisões mais assertivas. Mas meditar não é pensar em nada; meditar é apenas silenciar, ficar quieto e se concentrar.

Existem diversos tipos de meditação que trazem benefícios incalculáveis, mas meditar não pode ser um fardo, algo feito por obrigação. Precisa ser PRAZEROSO e, para tanto, você não pode ser obrigado a praticá-la. Para que a meditação seja um prazer em sua vida, medite apenas o tempo suficiente para que seja prazerosa; um minuto por dia já está valendo.

Sente-se em uma posição confortável e concentre-se apenas na sua respiração. A respiração controla todas as suas células (é ela que dá vida à oxigenação das células). Respire profunda e tranquilamente, e não tente controlar seus pensamentos. Sempre que perceber que está experienciando pensamentos aleatórios, apenas diga mentalmente para si mesmo: "estou pensando" e volte a focar em sua respiração.

Caso sinta dificuldade em meditar sozinho, na internet há vários áudios de meditação guiada, bem como aplicativos para essa finalidade. **A prática do silêncio ajuda a acalmar a mente e o coração.** Quer dar férias para o seu cérebro? Medite nem que seja um minuto por dia.

- Quinto ritual matinal - Atividade física. Não sou personal trainer, nem profissional da educação física, mas todos nós sabemos a importância da atividade física para nossa saúde. Aqui o que vale é a regularidade e não a quantidade.

Regularidade significa praticar atividade física todos os dias por pelo menos dez minutos. Não estou falando sobre práticas de exercícios com ênfase em ganho de massa muscular ou queima de gordura; estou me referindo à saúde e, para isso, a constância é mais importante do que a quantidade. Pode ser uma caminhada acelerada, uma corrida, alguns polichinelos ou até mesmo flexões de braço — o importante é praticar atividade física pela manhã.

- Ritual diário - Alimentação. Somos o que comemos, e nosso organismo consome energia o tempo todo, mesmo quando estamos dormindo.

Se estou com pouca energia, minha concentração e meu empenho para alcançar meus objetivos diminuem. Por isso, é de suma importância cuidar da nossa alimentação, desde a primeira até a última refeição do dia.

Ter muita energia disponível não significa comer muito, pois, quanto mais eu como, mais o meu organismo se esforça para fazer digestão e, portanto, mais gasta energia. Nosso corpo, em grande parte, é constituído de água, por isso prefira alimentos ricos em água e vitaminas.

"A QUANTIDADE DE ENERGIA DISPONÍVEL EM NOSSO CORPO DETERMINA O PODER DA AÇÃO PARA REALIZAR AS TAREFAS DO DIA"

Coma o suficiente para viver — está é uma premissa dos homens e das mulheres mais bem-sucedidos do mundo. Uma coisa que eles têm em comum é um estilo de alimentação saudável; a grande maioria é adepta da prática do jejum intermitente. Existem diversas pesquisas que mostram os benefícios do jejum (basicamente, ele atua como um reset do sistema).

Nosso intestino é considerado o nosso segundo cérebro, por ser nele que se forma a maioria dos neurônios, hormônios e neurotransmissores; a maior parte da serotonina, o neurotransmissor regulador do humor; é produzida no intestino. Assim, **o intestino é responsável por boa parte dos resultados de nossa vida.** Uma pessoa que não tem boa função intestinal tem baixa produção de serotonina e alta produção de cortisol, o hormônio do estresse, essencial a nosso organismo, mas que em excesso causa ansiedade, estresse, insônia, obesidade e pode até levar à depressão.

Pessoas com depressão têm altas taxas de cortisol no organismo e baixa produção de serotonina, e é o nosso intestino o responsável pela maior parte desses hormônios. Quanto mais cheio está nosso estômago, mais energia gastamos na digestão, e a qualidade dos alimentos que ingerimos define a nossa saúde intestinal. Há cerca de 2 kg de micro-organismos vivos no intestino — existem as bactérias boas, que auxiliam na produção de serotonina, dopamina e todos os hormônios do bem-estar, e existem suplementos e alimentos que aumentam a produção de bactérias boas. Normalmente, uma vez a cada dois meses, eu consumo suplementos probióticos e pré-bióticos.

Estudos recentes demonstram a influência de determinados micro-organismos intestinais em nosso comportamento. É ideal consultar um bom profissional da área da nutrição, um bom nutricionista ou nutrólogo, para lhe indicar uma dieta adequada a fim de que você tenha mais energia e disposição.

"A ENERGIA É O COMBUSTÍVEL DA EXCELÊNCIA"

De nada adianta ter uma Ferrari e abastecê-la com refrigerante; ela não funcionará nem produzirá os resultados esperados. O mesmo acontece com o nosso organismo. Se nossa corrente sanguínea estiver poluída, acabaremos em uma roda de hamster eterna, gerando resultados cada vez mais desastrosos; isso, muito provavelmente, proporcionará um ambiente ideal para doenças.

Quando descobri que os homens e as mulheres mais bem-sucedidos do mundo eram muito cuidadosos com a alimentação, comecei a estudar muitos livros de metabologia e nutrição, mas encontrei um grande problema: esses livros e teorias muitas vezes se contradiziam e me deixavam confuso. Então, resolvi encontrar um ótimo profissional da área e testar os alimentos que ajudavam a melhorar o meu metabolismo, bem como davam mais energia.

Como é a minha alimentação? Evito alimentos com lactose e glúten, pois estes podem levar o intestino a um processo inflamatório, o qual impedirá seu bom funcionamento, interferindo na absorção de nutrientes na quantidade ideal, levando ao armazenamento de gordura, bem como diminuindo a produção dos hormônios do bem-estar.

Minha primeira refeição pela manhã é um copo de água com pH elevado, para ajudar na alcalinização do organismo; às vezes, água com limão. Evito alimentos com corantes e conservantes; dou preferência a alimentos termogênicos, para acelerar o metabolismo na queima de gordura, como, por exemplo, café com canela pela manhã e gengibre nas saladas; e bebo muita água durante o dia.

Não estou dizendo-lhe para seguir a minha alimentação, até porque não sou um profissional da área de nutrição. Essa alimentação é apenas uma amostra do que está dando certo para mim até agora. Sugiro que procure um profissional nutricionista para montar a sua dieta.

- Ritual diário - Gaste menos tempo com coisas pouco importantes. O nosso cérebro consome em torno de 20% de toda a nossa energia diária, e, quanto mais o usamos, mais energia ele consome. Muitas vezes, gastamos energia com coisas pouco importantes, e quando precisamos de energia para tomadas de decisões assertivas, ela já se foi.

Um dos padrões que observei nas pessoas de sucesso foi que elas costumam utilizar sempre o mesmo modelo e cor de roupas. Fiquei me perguntando o porquê, e me dei conta de que era óbvio: **não gastar energia escolhendo qual roupa usar ou fazendo combinações.** Observe imagens de Steve Jobs, Mark Zukerberg, Bill Gates, na maioria das vezes estão sempre com os mesmos modelos e cores de roupas. Desde então, a maioria das roupas que compro são iguais, da mesma cor, para não gastar minha energia escolhendo que roupa usar. É claro que existem exceções, e certas ocasiões especiais exigem uma vestimenta mais apropriada.

Outro ritual para economizar energia é preparar o dia seguinte antes de ir dormir, por exemplo: já deixar separados a roupa e os calçados que usarei, para não precisar começar o dia gastando energia com coisas pequenas. Procuro não ficar tendo ideias ou pensando em coisas quando vou dormir; caso venha alguma ideia na cabeça, anoto e deixo para pensar nela no outro dia.

Separe pelo menos 20 minutos da sua manhã para a prática de um ritual de alta performance. Se acha que não terá tempo, acorde mais cedo e experimente. Assuma esse compromisso com você e comece amanhã mesmo. Publique nas redes sociais e marque a #metodotes para nos encontrarmos — já somos milhares de pessoas online em busca de uma vida extraordinária.

Na página a seguir, faça uma lista dos rituais poderosos que implantará em cada área da sua vida na jornada para alcançar os seus objetivos.

Os rituais que praticou hoje o aproximaram ou o afastaram da vida que você deseja? Pare e reflita sobre isso.

“A MAIORIA DOS NOSSOS RESULTADOS VEM DOS NOSSOS RITUAIS DIÁRIOS”

Atividade 6

Lista de rituais que implementarei a partir de amanhã:

1. ______________________________
2. ______________________________
3. ______________________________
4. ______________________________
5. ______________________________
6. ______________________________
7. ______________________________
8. ______________________________
9. ______________________________
10. ______________________________
11. ______________________________
12. ______________________________
13. ______________________________
14. ______________________________
15. ______________________________
16. ______________________________
17. ______________________________
18. ______________________________
19. ______________________________

ALAVANCAGEM

CAPÍTULO 8

> "Quando me perguntam o que realmente mudou minha vida há alguns anos, eu digo que a coisa mais importante foi mudar o que eu exigia de mim mesmo."
> **Anthony Robbins**

O nosso cérebro opera baseado em duas diretrizes: dor e prazer. Ele faz tudo para nos afastar da dor e nos aproximar do prazer. Partindo dessa premissa, podemos utilizar esse mecanismo a nosso favor, recrutando todo o poder dessa maravilhosa máquina para nos ajudar a alcançar nossos objetivos. **Este é o princípio da alavancagem**, uma técnica que consiste em associar dor e prazer às nossas metas.

A procrastinação, que nos prende em uma eterna roda de hamster, como já mencionado, surge da associação de uma dor demasiada à determinada atividade, como ir à academia, por exemplo. A associação de um sofrimento a uma ação aciona um mecanismo de defesa que inconscientemente ordena ao meu cérebro que faça todo o esforço possível para evitar o sofrimento — neste caso, me manter inerte, largado no sofá comendo pipoca ou dormindo até mais tarde, atividade que proporciona bem-estar e prazer.

Mas o que fazer para reprogramar o nosso cérebro para fazer associações mais benéficas para nossa vida? Quem responde a essa pergunta é Tony Robbins, um dos "gurus" do desenvolvimento pessoal. Segundo ele, existem duas forças que nos motivam a agir: **o desejo de evitar a dor ou o desejo de obter prazer.**

Esse princípio cria um padrão ioiô em algumas pessoas, que acabam presas em um ciclo vicioso entre agir e criar a mudança e a inércia.

A alavancagem consiste em identificar seus principais motivadores e empregá-los para fortalecer e expandir os recursos disponíveis para criar novos recursos e, assim, conquistar melhores resultados.

Robbins argumenta que a mudança nunca é uma questão de capacidade, e sim de motivação. **A mudança não pode ser uma possibilidade; ela precisa ser uma necessidade,** e isso requer associar uma dor intensa a não implementação da mudança agora, e um prazer imenso a mudar imediatamente. A motivação, ainda segundo Robbins, é baseada em prazer e dor, e embora a dor seja a motivação a curto prazo, é o prazer que gera a motivação a longo prazo.

"A DOR CHAMA ATENÇÃO PARA A NECESSIDADE DA MUDANÇA, MAS É O PRAZER QUE A FAZ PERDURAR"

Esse mecanismo se traduz no conceito de alavancagem, muito usado no mundo financeiro e dos negócios, e que também pode ser empregado em todos os outros aspectos da vida. A alavancagem consiste em identificar seus principais motivadores e empregá-los para fortalecer e expandir os recursos disponíveis, a fim de criar novos recursos e, assim, conquistar melhores resultados.

Segundo Robbins, a alavancagem libera um poder gigantesco de nos mover em direção aos nossos objetivos, utilizando um poderoso recurso já existente, o mecanismo de defesa de nosso cérebro, a nosso favor.

Em outras palavras, partindo da premissa de que o cérebro fará todo o possível para evitar a dor, precisamos associar uma dor intensa ao não cumprimento de determinada meta. Digamos que uma de suas metas seja ir à academia todos os dias de manhã, e se exercitar pelo menos uma hora. Assim, estabeleça uma regra, por exemplo: toda vez que eu faltar à academia, não tomarei café o dia todo.

É importante que a dor envolva uma atividade que gere prazer, de modo que a sua falta cause uma dor. De nada adianta estabelecer uma meta de ficar sem café se você não for muito fã de café. Outro exemplo: se sua meta diária é não gastar dinheiro com coisas supérfluas, associe o descumprimento dessa meta à obrigação de doar uma peça de roupa ou calçado que mais gosta.

Por mais absurdo que isso possa lhe parecer, acredite, é exatamente assim que o nosso cérebro condiciona um comportamento — trata-se do sistema de recompensas do qual falamos no capítulo 2.

Agora é hora de pensar no prazer. Como podemos utilizar essa força a nosso favor? O mecanismo é o mesmo, basta associar um prazer ao cumprimento de determinada meta, ou seja, uma recompensa. Digamos que a sua meta seja emagrecer 15 kg até uma determinada data; quando atingir esse objetivo, se dê um presente, estipule uma recompensa para o cumprimento da meta, como uma viagem a um lugar paradisíaco que sempre quis conhecer ou um final de semana em um lugar agradável. Da mesma forma, é importante que a recompensa seja algo que lhe custará muito prazer.

Talvez você esteja imaginando: "Mas e se eu me sabotar e, além de não cumprir a meta, não me submeter *à* dor associada a ela?" Bem, aqui está a chave da questão: o segredo é nomear o que eu chamo de guardião. Escolha uma pessoa sincera e confiável para ser o guardião, alguém que ficará responsável por supervisionar o cumprimento da meta e da imposição da dor. Conte a ele sua meta e a sua dor associada, e lhe dê o poder de cobrá-los de você.

“TODAS ÀS VEZES EM QUE ASSOCIO UMA DOR A UM DETERMINADO COMPORTAMENTO, O CÉREBRO PASSA A TRABALHAR PARA EVITÁ-LO”

Atividade 8

O exercício a seguir o ajudará a estipular metas, dores e a nomear o respectivo guardião.

Estipule suas metas e guardião.

Guardião: ________________________________

Meta 01: ________________________________

____

Alavanca de dor: ____________________________

____

Meta 02: ________________________________

____

Alavanca de dor: ____________________________

____

Meta 03: ________________________________

____

Alavanca de dor: ____________________________

____

Meta 04: ________________________________

____

Alavanca de dor: ____________________________

____

Meta 05: ____

____

Alavanca de dor: ____

____

Depois de listar suas metas, é hora de deixá-las bem à vista, para que o seu cérebro visualize o caminho a seguir. Sugiro que transcreva o que escreveu aqui para uma folha, ou melhor, ainda, escreva em notas adesivas e cole-as em uma parede na sua casa, onde consiga vê-las todos os dias.

Cole no topo a nota com seu objetivo e, abaixo, as que descrevem suas metas, o passo a passo de como chegar lá.

Dessa maneira, ficará mais nítido para o seu cérebro qual caminho seguir. **Cada vez que cumprir uma meta, lembre-se de remover a nota adesiva ou riscar o item da lista.** Isso gera uma sensação de prazer e fará com que fique mais motivado para se dedicar ao máximo para finalizar a próxima meta.

Lembre-se de postar nas redes sociais o seu quadro de metas e marcar a hashtag #metodotes para que possamos ajudá-lo a cumprir suas metas e seus objetivos.

A LEI DA ATRAÇÃO

CAPÍTULO 9

> "A vida não está acontecendo para você, ela está respondendo a você."
> **Rhonda Byrne, autora de O Segredo.**

O nosso universo é regido por leis. Algumas delas entendemos como funcionam; outras, simplesmente vivenciamos. Conhecemos e entendemos a lei da gravidade, mas poucos entendem a lei da atração. Aos poucos, o segredo está sendo revelado, e quem consegue entendê-lo e colocá-lo em prática consegue aproveitar o melhor que a vida tem a nos oferecer.

Tudo que vemos como matéria é energia. Quando digo matéria, me refiro a tudo o que podemos tocar, desde a cadeira ou o sofá em que está sentado até o seu corpo, tudo é energia. Toda matéria é construída por moléculas, e a vibração dessas moléculas é que determina a espécie da matéria.

Nosso cérebro emite frequências vibracionais que funcionam mais ou menos como um ímã, atraindo coisas que emitem uma frequência igual ou maior. Partindo desse princípio, temos o poder de atrair para nossa vida tudo aquilo que desejamos, ou seja, conseguimos recriar nossa realidade de acordo com nossos pensamentos. **Essa é a lei da atração.**

Deus colocou dentro de nós a mais poderosa máquina já criada e, assim, fez de nós cocriadores de nossa realidade. Tudo que está à sua volta é fruto de seus pensamentos, seja de maneira consciente ou inconsciente, seja boa ou má, sua realidade é criada por você, por meio da lei da atração.

Rhonda Byrne, autora do best-seller: "O Segredo", o livro mais popular sobre a lei da atração, explica que: "A lei da atração é a lei da natureza. É impessoal e não distingue as coisas boas das más. Recebe seus pensamentos e os reflete de volta a você como sua experiência de vida. A lei da atração simplesmente lhe dá seja lá o que for que esteja em seu pensamento."

Um dos grandes adeptos e defensores da lei da atração é o Bob Proctor, professor, empresário e renomado palestrante motivacional que conquistou grande notoriedade depois de sua participação no documentário: O Segredo. Segundo ele: "A lei da atração é uma das 12 Leis Universais que diz que atraímos tudo o que existe em nossa realidade, através de nossos pensamentos, sentimentos e atitudes, e que tudo o que emanamos ao universo retorna para nossas vidas."

O poder do pensamento positivo já foi demonstrado pela ciência em diversos estudos, não apenas para atrair o que desejamos, mas também para o desenvolvimento de novas habilidades. Barbara Fredrickson, pesquisadora de Psicologia Positiva na Universidade da Carolina do Norte, testou o impacto das emoções positivas no cérebro.

Em um experimento, Barbara dividiu os participantes em cinco grupos e mostrou a cada grupo, diferentes clipes de filmes, que despertavam sentimentos positivos, neutros ou negativos. Os pesquisadores, então, pediram aos participantes que se imaginassem em uma situação que despertasse sentimentos semelhantes aos que haviam experimentado e, depois, escrevessem ideias do que gostariam de fazer. Cada participante recebeu um pedaço de papel com a frase "Eu gostaria de..."

Os participantes expostos a imagens negativas foram os que menos conseguiram completar a frase. Já os que viram imagens positivas escreveram muitas respostas, mais do que aqueles que experimentaram emoções neutras. De acordo com Fredrickson, os resultados sugerem que as emoções positivas despertam a exploração, a curiosidade e o aprendizado experimental, além de produzir mapas mentais mais corretos do mundo. Enquanto as emoções negativas, ao contrário, interferem na curiosidade e no aprendizado, e nos impedem, de certo modo, de experienciar o mundo.

Agora que já sabemos que nossos pensamentos emitem ondas vibracionais e que atraem coisas na mesma frequência, afinal, o que determina seus pensamentos? Duas coisas: **seu foco e suas crenças.**

Como vimos no capítulo 2, o nosso sistema de crenças são as lentes através das quais percebemos o mundo à nossa volta. Ele é responsável pelo modo como encaramos a vida e atribuímos significado a nossas experiências. Tudo o que você acredita ser verdade sobre si mesmo ou sobre o mundo, mais cedo ou mais tarde se materializará em sua vida. Por outro lado, o foco reflete nossos objetivos, o que desejamos conquistar. Assim, ao focarmos no lado negativo, caminhamos, ainda que de maneira inconsciente, para o fracasso.

Todos nós temos a tendência a acreditar muito mais em coisas negativas do que positivas. Isso faz parte do ser humano. Mas, quando mudamos o nosso foco e nossas crenças, redirecionamos nossos pensamentos e, por consequência, recriamos nossa realidade.

Uma pessoa que economiza dizendo que guarda dinheiro para os dias difíceis está direcionando o seu foco e esforços para momentos de dificuldade, e guarda em si uma crença de que, mais cedo ou mais tarde, enfrentará problemas. Advinha o que acontece? Esse dia logo chega.

“TUDO O QUE VOCÊ ACREDITA SER VERDADE SOBRE SI MESMO OU SOBRE O MUNDO, MAIS CEDO OU MAIS TARDE SE MATERIALIZARÁ EM SUA VIDA”

O nosso cérebro é uma torre de transmissão humana, recebendo e transmitindo uma frequência com seus pensamentos. A todo instante, existem bilhões de pessoas com centenas de bilhões de pensamos emitindo suas ondas no universo. Essas ondas ficam pairando no ar e são atraídas para pessoas que vibram na mesma frequência. Muitas pessoas chamam isso de intuição, um sentimento inexplicável de saber ou perceber o que o outro está pensando ou sentindo.

Funciona mais ou menos assim: se você está focando em coisas negativas, nutre pensamentos negativos e emite essa frequência para o universo, atraindo, assim, pensamentos ainda mais negativos ao seu redor.

Uma pessoa que alimenta constantemente pensamentos de vingança e ódio, atrai para si pensamentos ainda mais intensos de vingança e ódio. Focar no lado negativo e alimentar pensamentos tristes pode atrair para si pensamentos depressivos ou até mesmo suicidas, algo que talvez nunca tenha passado por sua cabeça. Ao mesmo tempo, sentimentos de gratidão e pensamentos positivos atrairão amor e paz, vibrações de frequências positivas.

"SE QUISER MUDAR QUALQUER COISA EM SUA VIDA, MUDE A FREQUÊNCIA MUDANDO SEUS PENSAMENTOS"

Tudo aquilo a que somos expostos regularmente cria imagens mentais que ficam gravadas em nossa mente, e podem, de forma inconsciente, influenciar nossos pensamentos e emoções. Assim, **nossa frequência vibracional é determinada pelo que vemos, ouvimos e sentimos.** E a vibração emitida para o universo retorna para nós, ampliada.

Já percebeu que, no dia em que você não acorda bem, coisas ruins acontecem? É a lei da atração em ação. Nossa atitude mental atrai frequência vibracionais semelhantes. Sempre que se sentir mal ou experimentar uma emoção negativa, pare por um momento e se concentre para alterar sua frequência. Mude seus pensamentos e mentalize algo bom.

A longo prazo, para se sintonizar com as frequências vibracionais do universo, o primeiro passo é começar a filtrar tudo que vê e ouve. Preste atenção no tipo de programas aos quais assiste na TV ou na internet, nas notícias que lê, nas músicas que ouve e no tipo de pessoa com quem convive pessoalmente ou nas mídias sociais.

Os ambientes que você frequenta, o conteúdo que lê, as pessoas com as quais convive, ainda que virtualmente — **tudo a que você se expõe é determinante para os resultados em sua vida.** Preste atenção no que tem atraído para a sua vida e comece e eliminar pela raiz tudo que lhe traga coisas negativas.

O segundo passo é compreender o poder da repetição. Para gerar novas crenças, o cérebro precisa de repetição ou impacto emocional. Se deseja transformar sua frequência vibracional, comece eliminando as crenças limitantes e passe a gerar crenças fortalecedoras.

Para criar crenças fortalecedoras na área financeira, por exemplo, comece a conviver com pessoas financeiramente bem-sucedidas, nutra esses relacionamentos e faça parte de suas vidas, busque conteúdos sobre finanças, leia diariamente artigos e livros financeiros, assista a videoaulas e faça cursos que ajudem a desenvolver sua prosperidade financeira. Essa repetição cria sinapses, crenças e foco, que moldam nossos pensamentos para emitir uma frequência vibracional capaz de atrair aquilo que desejamos.

Atividade 9

Comece identificando situações, pessoas e/ou hábitos que podem gerar imagens mentais que alimentam pensamentos e emoções negativas e, portanto, atraem resultados indesejados em sua vida. Depois de cada item, anote algumas contramedidas para gerar a frequência vibracional oposta.

Situação, pessoa ou hábito que gera emoções ou pensamentos negativos.

Atitudes que devo tomar para melhorar a frequência vibracional nesta área.

O PODER DAS PALAVRAS

CAPÍTULO 10

> "O que você fala cria sua realidade. Palavras têm poder. Falar sempre criando felicidade."
> **Deepak Chopra**

Como falamos nos capítulos anteriores, os pilares da transformação de resultados envolvem a construção de um sistema de crenças e de atribuição de significados, além da busca por uma frequência vibracional positiva, alimentada por pensamentos positivos.

Um importante aliado no exercício diário de cultivar pensamentos positivos é fazer afirmações. **As palavras têm poder de criação inimaginável.**

Você já deve ter ouvido a máxima: "A fé move montanhas", mas o segredo por trás dessa afirmação é uma interpretação correta. A fé move montanhas do mesmo modo que a gasolina move um carro. Ela é apenas o combustível para trazer à existência o que ainda não existe. O que realmente move montanhas, o que faz as coisas acontecerem, são as afirmações, palavras e ações. Juntas, elas se tornam o motorista capaz de conduzir o carro até o seu destino. Este é o segredo do SEGREDO.

“O QUE REALMENTE MOVE MONTANHAS, O QUE FAZ AS COISAS ACONTECEREM SÃO AS AFIRMAÇÕES, PALAVRAS E AÇÕES”

Na Bíblia está escrito: "... se DISSER a este monte: Ergue-te e lança-te no mar, e não duvidar em seu coração, mas crer que se fará aquilo que diz, tudo o que DISSER lhe será feito" (Marcos 11:23). Perceba a palavra DISSER: "tudo que DISSER lhe será feito" — são suas afirmações que criam a sua realidade!

Suas palavras têm um poder gigantesco de criar a realidade; elas também emitem frequências vibracionais que voltam para você ainda mais ampliadas. Muitas pessoas falam que querem alcançar algo, oram pedindo aquilo, mas muitas vezes não conseguem o que queriam simplesmente porque ainda não entenderam que já têm o que desejam: para tornar seus sonhos realidade, é preciso agradecer em vez de pedir, agradecer como se realmente já fossem realidades, pois será apenas uma questão de tempo até alcançar o que deseja.

Se você está passando por algum problema de saúde, em vez de ficar resmungando, lamentando ou pedindo, comece a criar, por meio de suas palavras e afirmações, a saúde que deseja. Visualize como gostaria que fosse a sua saúde, deixe isso bem claro em sua mente, emane essa frequência para o universo e receberá de volta a mesma frequência. Lembre-se de que você é o cocriador da sua realidade. Preste atenção neste versículo bíblico: "Portanto, vos afirmo: Tudo quanto em oração pedirdes, tenhais fé que já o recebestes, e assim vos sucederá." (Mateus 12:22) Acredite que tudo aquilo que você deseja já é seu — é só uma questão de tempo. Basta que você tome posse do que já é seu por direito.

"AS AFIRMAÇÕES SÃO UM VISLUMBRE DO FUTURO"

Por isso, é fundamental mudar sua visão de mundo, seu sistema de atribuição de significados, de modo que se concentre no lado positivo de suas experiências. Se, diante de uma dificuldade, você passa a lamentar e reclamar, o seu foco permanecerá preso ao problema.

Lembre-se da célebre frase de Henry Ford: "Se você pensar que pode ou não pode, de qualquer forma, você estará certo."

Direcione seus esforços, suas energias e suas ações para o lado positivo, para seus objetivos e para a vida que deseja. As dificuldades surgirão, como já discutimos; elas fazem parte do processo de preparação, **mas a sua atitude diante de um problema é o que determinará seus resultados de vida.**

Em meus treinamentos, gosto de contar uma história que ilustra bem essa situação. Algum tempo atrás, um rapaz saiu em viagem em um navio. Durante a viagem, não comia nada, passava fome, pois havia investido todo dinheiro que tinha para comprar a passagem que o levaria a um recomeço de vida em um novo país. Sem dinheiro para comprar o que comer e não aguentando mais de fome, foi até um dos comissários que estava na lanchonete do navio e, quase chorando, implorou por um pouco de comida.

O comissário o olhou com espanto e ficou em silêncio por um instante. Em seguida, pediu para ver o bilhete de viagem e o rapaz começou a se preocupar que algo estivesse errado. Então, o comissário o encarou novamente e disse: "Meu amigo, aqui no seu bilhete diz que está tudo incluído, você não precisa implorar por nada, tudo o que você deseja aqui dentro já é seu. Venha, pode pegar o que quiser para comer."

O mesmo acontece conosco! Tudo que desejamos já está à nossa disposição. Estamos aqui para ter uma vida em abundância, precisamos apenas tomar posse; mas a maioria das pessoas passa uma vida toda se contentando ou até mesmo implorando por migalhas. Tudo o que você deseja já é seu, basta afirmar e agradecer, pois é só uma questão de tempo para alcançar.

"A GRATIDÃO CRIA A REALIDADE"

Uma ótima maneira de criar a realidade é materializá-la. Por exemplo, digamos que o seu objetivo é ter um carro zero quilômetro, de última geração. Além de afirmar que já é seu e agradecer por isso, uma boa prática para começar a materializar essa realidade é manter fotos do carro em seu celular, no computador e até ir à concessionária fazer um test drive. Assim, você começa a materializar seus objetivos. Faça o mesmo com a casa dos seus sonhos ou qualquer outro desejo que tenha.

Comece a criar o hábito de materializar a sua realidade. Descreva suas estratégias para dar o primeiro passo para alcançar seus objetivos.

Atividade 10

Materializando sonhos

1. Descreva seu sonho o mais detalhadamente que conseguir. Quanto mais detalhes conseguir acrescentar, mais eficaz se torna a técnica.

____

____

____

2. Faça três afirmações de gratidão diárias de que já conseguiu esse sonho.

____

____

____

3. Defina a estratégia que utilizará para materializar seu objetivo. Ex: Quadro com imagem, foto no computador, visitar a casa dos sonhos, testar o carro que deseja etc.

____

____

____

A MENTE MESTRA

CAPÍTULO 11

> "Aves da mesma plumagem voam juntas."
> **Jim Rohn**

Aprendemos anteriormente que nossos pensamentos emitem vibrações. Sendo assim, nosso cérebro é tanto emissor quanto receptor de vibrações. Uma mente com pensamentos pequenos ou negativos emite uma baixa frequência com carga negativa para o universo, que retornará na mesma frequência ou mais ampliada.

A maioria das pessoas vive nas frequências vibracionais médias; elas são resultados da média das pessoas com quem mais convivem. Mas viver na média é ser medíocre, e isso não é uma ofensa — significa ser mediano. E ser mediano significa ter resultados médios.

O mesmo acontece com as pessoas positivas e negativas. Uma mentalidade pobre atrairá outras mentalidades pobres, e o resultado é um ciclo vicioso que o tornará cada vez mais pobre. Da mesma forma, uma mentalidade rica gera um ciclo virtuoso, no qual as pessoas se tornam cada vez mais ricas. Esse princípio é chamado de mente mestra, uma consciência ampliada decorrente de duas ou mais mentes vibrando na mesma frequência.

“UMA MENTALIDADE RICA GERA UM CICLO VIRTUOSO, NO QUAL AS PESSOAS SE TORNAM CADA VEZ MAIS RICAS”

Veja um exemplo: digamos que você emita pensamentos positivos, de alegria, prosperidade, riqueza, saúde. Essa mesma energia voltará para você na mesma frequência, e você começará a se deparar com pessoas que emitem frequência igual ou similar à sua. **Quando duas ou mais mentes na mesma frequência se juntam, surge a mente mestra.**

Digamos que vocês comecem a conversar sobre a ideia de um novo negócio, porém, a ideia ainda não está completamente clara para você ou para o seu amigo; mas, de repente, vocês têm um insight e, juntos, têm uma "superideia", uma perspectiva que não existia individualmente. Essa ideia é fruto da mente mestra.

Napoleon Hill, autor do clássico: "Pense e Enriqueça", um dos maiores best-sellers do mercado editorial, define o princípio da mente mestra da seguinte forma: "Coordenação de conhecimento e esforço, em um espírito de harmonia, entre duas ou mais pessoas, para a realização de um propósito específico."

Para ele: "É impossível que duas mentes se unam sem que criem, consequentemente, uma terceira força invisível, intangível, comparável à terceira mente." Por isso, um fator determinante para melhorar os resultados de sua vida é prestar atenção nas pessoas com quem convive. Elas desempenham um papel crucial por influenciarem enormemente suas vibrações, o que, por sua vez, tem grande influência sobre seus resultados.

Jim Rohn, empreendedor e palestrante de sucesso, resume bem essa ideia quando diz: "Aves da mesma plumagem voam juntas." Você jamais verá uma galinha voando com uma águia, porque galinhas não desenvolveram as habilidades necessárias para voar tão alto; o que elas conseguem fazer é apenas cacarejar e ciscar, enquanto as águias voam muito alto e conseguem ter uma visão privilegiada do território.

É importante que você entenda que jamais se tornará uma águia convivendo apenas com galinhas, com pessoas que se vitimizam e reclamam de tudo. Se quiser mudar os resultados na sua vida, comece a buscar pessoas que têm os resultados que você deseja ter.

Procure mentores, pessoas que já chegaram onde você deseja chegar. Costumo dizer que melhor do que aprender com os nossos erros é aprender com os erros dos outros, pois assim economizamos um longo caminho. Conecte-se com pessoas que já chegaram onde você quer chegar, pesquise os lugares que elas frequentam, como clubes e academias, e tente fazer amizade com elas para que possa criar uma mente mestra, uma sintonia, e aprender com essas pessoas.

"A ÚNICA MANEIRA DE MUDAR A SUA VIDA E A VIDA DAS PESSOAS QUE VOCÊ MAIS AMA É INVESTINDO SEU TEMPO E SEU DINHEIRO EM VOCÊ"

Minha vida tem sido uma constante busca por mentores, por desenvolvimento. Praticamente todo mês estou em algum lugar do Brasil ou no exterior aprendendo com os melhores, investindo tempo e dinheiro no meu desenvolvimento pessoal. Só assim consegui mudar a minha vida e a vida das pessoas que mais amo, além de conseguir impactar milhares de vidas por meio do Método T.E.S.®, meu treinamento de imersão de três dias. Nele, dedico toda minha energia e conhecimento ensinando ferramentas poderosas para as pessoas transformarem suas vidas.

No Método T.E.S.®, criamos o que eu chamo de grupo de mente mestra. Esse grupo tem como objetivo fazer os alunos alcançarem resultados extraordinários em todas as áreas da vida.

Muitos dos participantes do treinamento são empresários e investidores com boas ideias, mas que não sabem como ganhar dinheiro com elas. No treinamento, são criados grupos que passam a se reunir mensalmente, de modo que um membro vai auxiliando o outro. A experiência por si só já valeria o montante investido. Embora todo o aprendizado contido no treinamento seja de alto impacto, essa ferramenta me proporciona novas parcerias de negócios e projetos. Por isso eu recomendo, caso tenha oportunidade, que venha participar conosco do Método T.E.S.®.

Na busca por seus mentores, é preciso aprender a identificar atitudes, características e habilidades das pessoas que admira, ou seja, os fatores cruciais responsáveis pelos resultados que elas colhem na vida. Como primeiro passo, liste algumas pessoas de sucesso na sua área de atuação e tente identificar características, atitudes e habilidades que você acredita que foram fundamentais para o sucesso.

Em seguida, faça uma autoanálise, e tente identificar aquelas em que você se acha forte, médio ou fraco.

Atividade 11

Mentor / Área de atuação:

CARACTERÍSTICAS / ATITUDES / HABILIDADES	FORTE	MÉDIO	FRACO

Mentor / Área de atuação:

CARACTERÍSTICAS / ATITUDES / HABILIDADES	FORTE	MÉDIO	FRACO

AS FORÇAS INTERNAS

CAPÍTULO 12

> "Nossas dúvidas são traidoras e nos fazem perder o que, com frequência, poderíamos ganhar, por simples medo de arriscar."
> **William Shakespeare**

Todos nós temos duas forças internas que regem a nossa vida. Ouvimos falar delas como "luz e sombra" ou "luz e escuridão". Mas, para deixar mais claro, quero chamá-las aqui de "medo e amor", pois estas são as forças-raiz de tudo aquilo que acontece na nossa vida.

É como se houvesse duas sementes dentro de nós, uma do medo e outra do amor, e a que for mais nutrida crescerá e assumirá o controle de nossas vidas.

A maioria da população mundial vive alimentando seus medos, seja da pobreza, da doença, de falar em público, do julgamento alheio, medo de sonhar grande. O medo é a raiz de todas as outras emoções negativas; dele derivam a tristeza, a raiva, a angústia, os ressentimentos. Cada emoção alimentada dentro de nós, determina nosso comportamento. Pense: se você estiver triste, seu comportamento não será o de uma pessoa empolgada, motivada, logo, não conseguirá alcançar aquilo que gostaria.

Quantas pessoas vivem o dia inteiro dominadas pelo medo? Quantas passam o dia sendo servas dele, deixando de fazer aquilo que amam? A vida é muito curta para ficarmos dominados pelo medo.

O amor é a energia-raiz, a energia central de todas as outras emoções positivas. Quando alimentamos o amor e temos sentimentos de alegria, felicidade, nossos comportamentos serão empolgação e motivação, que, por sua vez, produzirão ações e resultados da mesma magnitude.

O medo serve a dois propósitos principais: **encher seu corpo de adrenalina para lutar contra uma ameaça, e marcar essa experiência no seu cérebro para que a evite no futuro.** Nosso cérebro é programado para sentir medo — ele nada mais é do que um mecanismo de defesa.

No entanto, esse mecanismo pode ser ativado por gatilhos irracionais, ou seja, por situações que não representam ameaças reais. As emoções e os sentimentos gravados por eventos desagradáveis ou traumatizantes em sua vida, podem criar gatilhos que disparam os alertas do sistema de defesa, quando, na verdade, não há ameaças reais. Assim, o medo deixa de ser benefício e passa a ser limitante.

Um dos medos limitantes mais comuns é o medo da crítica. Ele está enraizado no medo da exposição pública, da vergonha, de sermos diminuídos e renegados do grupo social a que pertencemos. Em certa medida, buscar a aprovação dos pares é um comportamento normal, afinal, somos seres sociais, e, dentro de nossos grupos sociais, a imagem que os outros membros têm de nós — e também a que temos de nós mesmos — é um dos fatores pelos quais obtemos respeito e status.

O problema é quando esse medo paralisa. Quando o medo de "desagradar", ou não se conformar aos padrões que achamos que esperam de nós, passa a guiar nossas ações e nos impede de agir e viver plenamente tudo que sonhamos.

“CADA EMOÇÃO ALIMENTADA DENTRO DE NÓS, DETERMINA NOSSO COMPORTAMENTO”

O primeiro passo para se libertar desse medo é entender que sempre haverá quem o critique, não importa o que você faça. Na vida, posso dizer que temos ao menos duas certezas: uma é a morte, afinal, todo ser humano sabe que um dia passará por uma transição deste plano para outro (muitos chamam isso de morte; eu encaro como uma passagem, pois apenas o corpo morre, e nossa energia continua eterna). A outra é a crítica.

Se você estiver acima do peso, as pessoas o criticarão por estar gordo; mas, caso comece uma dieta, elas o criticarão por ficar bitolado. Se está passando por dificuldades financeiras, elas o criticarão por ser tão irresponsável; se estiver tendo um grande sucesso financeiro, receberá críticas que o acusarão de ser ganancioso e só pensar em dinheiro. Ou seja, não importa o que você faça, sempre será alvo de críticas.

"A OPINIÃO DOS OUTROS É APENAS A OPINIÃO DOS OUTROS. PREOCUPE-SE COM O SEU SUCESSO"

Muitas pessoas deixam de agir com medo de errar, com medo das críticas, da opinião dos outros, e começam a levar uma vida guiada pelo que os outros vão pensar, ou pelo que eles valorizam. Assim, acabam presas a preceitos e dogmas falíveis de religiões que, ao invés de libertar, aprisionam.

Lembre-se de que você nasceu para ser livre, e veio ao mundo para ser feliz, então não se preocupe demasiadamente com a opinião dos outros. Faça aquilo que faz o seu coração vibrar, coloque brilho na sua vida. Comprometa-se apenas com o seu sucesso, pois, no final das contas, é isso que realmente importa. **Seja feliz no caminho, não fique esperando a felicidade.** Só há uma maneira de ser feliz: não se preocupando demasiadamente com a opinião dos outros, e aproveitando cada minuto sabendo que ele nunca mais voltará.

Dedique-se de corpo e alma ao que te faz feliz, mas antes, entenda que para isso você deve se libertar de qualquer medo e encher-se da força do amor. E como alimentamos tanto o medo quanto o amor? Por meio de nossos pensamentos, de nossa fala, daquilo que transmitimos para nós mesmos e para os outros ao nosso redor. Onde estão os seus pensamentos? São pensamentos constantes de tudo que pode dar errado, do medo de não conseguir aquilo que você tanto quer na vida? São pensamentos constantes de coisas negativas?

Se buscarmos explicação na física e na física quântica, descobriremos que o átomo tem uma parte sombria própria, o seu vazio. Dentro de cada átomo, existe a energia negativa. E é ela que podemos chamar de medo — ou demônio, se preferir. Porém, essa energia só crescerá dentro de você se você permitir, se alimentá-la.

Quer fazer a energia do amor e dos bons resultados em sua vida começar a crescer? Faça-o a partir da alimentação, do que você vê, ouve e sente. Comece a filtrar tudo aquilo que vê, assiste, todas as pessoas com quem convive. Pare de conviver com pessoas vitimistas, pessimistas.

E jamais permita que o medo impere em sua vida, não o alimente, a decisão está em suas mãos. Você tem um poder divino, gigantesco dentro de si, que para crescer só depende de alimento. Entenda que quando alimentamos esse poder divino, nos tornamos invencíveis.

Escolha alimentar o amor, pois ele gerará em você alegria, paz, calma e, acima de tudo, gratidão. A cada coisa que for fazer, pergunte-se: "O que estou fazendo agora? A quem estou alimentando com esse pensamento ou comportamento?"

Independentemente de que resultado pretenda modificar em sua vida hoje, a primeira coisa que precisa fazer é mudar o que está alimentando dentro de si.

Será que está alimentando mais a parte sombria ou mais a luz? Se podemos falar que Deus e o Demônio existem, tanto um quanto o outro habitam dentro de cada um de nós. Portanto, tudo depende de qual dos dois estamos alimentando, qual dos dois nutrimos por mais tempo.

Eu te convido a escolher alimentar a luz dentro de si. Escolha alimentar a energia divina a cada dia. Escolha conscientemente o que nutrirá dentro de si: luz ou sombra, medo ou amor, Deus ou o Demônio? A decisão sempre estará em suas mãos.

E os resultados que vêm tendo na vida, em grande parte dependem do alimento mental e emocional que você consome. Pare de focar nas coisas ruins, de alimentar mágoas, ressentimentos, coisas que já ficaram no passado. Comece a alimentar o amor dentro de você.

Seja intencional nas suas escolhas. A decisão agora está em suas mãos. Decida ter mais amor, mais luz e mais divindade dentro de si.

Atividade 12

Reserve um momento para refletir sobre suas forças internas, e perceba qual delas você mais tem alimentado nos últimos dias.

O CAMINHO DA MAESTRIA

CAPÍTULO 13

> "Muitas palavras não indicam necessariamente muita sabedoria."
> **Tales de Mileto**

Como chegar à maestria? Para responder a essa pergunta, primeiramente, precisamos entender o cenário em que vivemos atualmente. Hoje, é muito fácil ter acesso à informação. A internet está recheada de uma quantidade inimaginável de informação — basicamente tudo que você deseja aprender está disponível nela. O primeiro obstáculo é que esse conteúdo está espalhado, e, mesmo que você quisesse, demoraria muito tempo para conseguir organizar todo o conteúdo de que precisa sobre determinado assunto de maneira coerente.

O segundo obstáculo é que, antes de começar a caminhar em direção à maestria, precisamos entender que **informação é diferente de conhecimento.** Uma pessoa pode ter acesso a muita informação pela internet, em livros, curso online etc., mas essa informação só se torna conhecimento a partir do momento em que é colocada em prática; do contrário, não passará de caixas guardadas em um sótão acumulando poeira. E, na melhor das hipóteses, toda essa informação o transformará em uma enciclopédia ambulante.

"INFORMAÇÃO É DIFERENTE DE CONHECIMENTO"

Algumas pessoas têm muita informação, mas não conseguem fazer nada com o que aprenderam, ou seja, não transformam a informação em conhecimento.

O primeiro passo para maestria, para alcançar o ápice do sucesso em qualquer área, é saber equilibrar a informação com a prática, para que isso se torne conhecimento. Há pessoas que estudam muito e trabalham pouco, e isso raramente gera bons resultados. Outras trabalham muito e não estudam quase nada, o que resulta em ações ineficazes. O cenário ideal na jornada para o sucesso é unir as duas forças. Experimente aplicar a regra 8:1, ou seja, trabalhe oito horas por dia e estude ao menos por uma hora.

Outro segredo da maestria em qualquer área da vida é criar janelas de aprendizado de imersão. A imersão é a maneira mais rápida e eficaz de aprender algo. Se quiser aprender um novo idioma, a maneira mais eficaz é visitar um país onde ele é falado e ficar por dois, três meses imerso lá. Você levaria dois ou três anos fazendo aulas semanais para aprender o que você aprenderia nesse período.

É preciso reservar um tempo em sua agenda, pode ser dias ou horas, para focar no seu desenvolvimento pessoal. Durante esse período, você não fará mais nada a não ser concentrar em aprender novas habilidades, desenvolver e adquirir mais conhecimento.

As janelas de imersão são a melhor maneira de aprender, pois, de maneira rápida e eficaz, você consegue concentrar esforços e dar um grande salto para o nível seguinte. Eu amo treinamentos de imersão, pois são intensos e eficazes. O Método T.E.S.® é um desses treinamentos que o levam para o próximo nível na vida pessoal e profissional.

"APRENDA A TREINAR A SUA MENTE"

Nele, ficamos imersos durante três dias trabalhando todas as áreas da vida de maneira consciente e eficaz. Eu ensino ferramentas poderosas para meus alunos atingirem uma vida extraordinária em todas as áreas. Pessoas que estavam em crise financeira conseguem prosperar financeiramente em pouco tempo; pessoas que estavam em depressão conseguem encontrar forças para se libertar dessa terrível doença ainda dentro do treinamento.

Se eu fosse descrever todos os resultados que o Método T.E.S.® traz na vida das pessoas, precisaria de todas as páginas deste livro. Mas por que gera tanto resultado? Simplesmente pelo fato de se basear em ferramentas científicas poderosas aplicadas de maneira simples, que qualquer pessoa consegue utilizar e ter resultados rápidos, seja na vida financeira, pessoal ou profissional. E, ainda por ser um treinamento de imersão de alto impacto, que traz resultados rápidos e permanentes.

Outro fator determinante para alcançar a sua maestria é alimentar e treinar bem a sua mente — mente sã, corpo são. Que tipo de alimento você vem oferecendo à sua mente? Quando digo isso, quero dizer que tipo de conteúdo você tem consumido? Quantos livros está disposto a ler este mês?

Agora a pergunta é: como você tem treinado a sua mente? Nossa mente é como o resto do corpo, se queremos ter um corpo sarado e saudável, precisamos alimentá-lo da maneira correta e fazer treinamento físico com um profissional.

Invista em treinamentos de imersão, treine sua mente, busque mentores para ajudar nesse processo — pessoas que já chegaram onde você deseja chegar. Se tiver oportunidade, inscreva-se para o próximo Método T.E.S.®, e passaremos três dias juntos focando em seu desenvolvimento. Eu faço uma promessa para todos os meus alunos: se chegar no último dia do treinamento e nada tiver mudado em sua vida, nós lhe devolvemos todo dinheiro que você pagou.

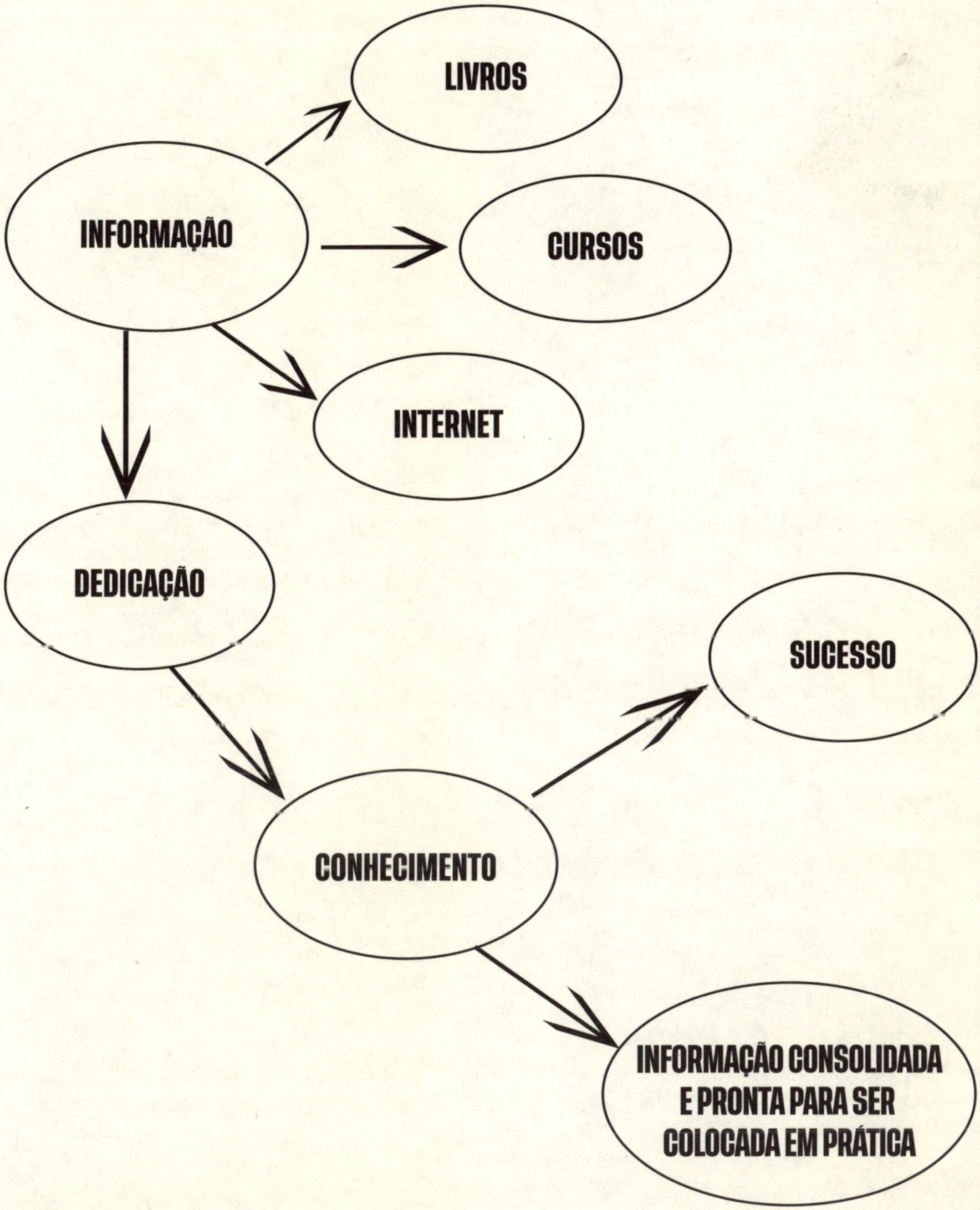
LIVROS
INFORMAÇÃO
CURSOS
INTERNET
DEDICAÇÃO
SUCESSO
CONHECIMENTO
INFORMAÇÃO CONSOLIDADA
E PRONTA PARA SER
COLOCADA EM PRÁTICA

MENSAGEM FINAL

“Objetivo supremo: plantar para colher”

Se este livro agregou valor à sua vida, empreste-o para alguém, ou melhor ainda, plante uma semente: compre outros exemplares e dê esse presente às pessoas que você ama. Com toda certeza, será um dos melhores presentes que você vai dar a essa pessoa. É uma maneira de você participar de uma corrente do bem e fazer a diferença neste mundo.

Agora, se você ganhou este livro de presente, mande uma mensagem neste instante para a pessoa que o presenteou, agradecendo por ela participar da transformação da sua vida e diga a ela quem serão as próximas pessoas que você colocará nessa corrente do bem de leitura, doando este livro ou presenteando com um novo exemplar.

“QUEM VENCE OS OUTROS É FORTE; QUEM VENCE A SI MESMO É INABALÁVEL”

Gratidão eterna, e nos vemos no Método T.E.S.®.

Anderson Luiz

CONHEÇA O MÉTODO TES
ACESSE O QRCODE
TES
MÉTODO TES
ELIMINE AS AMARRAS QUE TE
IMPEDEM DE TER UMA VIDA
MAIS PRÓSPERA E FELIZ

REFERÊNCIAS BIBLIOGRÁFICAS

BARBOSA, Christian. **A Tríade do Tempo**. São Paulo, Editora Buzz, 2018.

CARROL, Lewis. **Alice no País das Maravilhas**. Rio de Janeiro: Editora Zahar, 2010.

CLEAR, James. **Hábitos Atômicos**. Rio de Janeiro: Editora Alta Books, 2019.

CUDDY, Ammy. **Sua Linguagem Corporal Molda Quem Você É**. Ted Talk, 2012.

Disponível em: https://www.ted.com/talks/amy_cuddy_your_body_language_may_shape_who_you_are?language=pt-br.

HAIDT, Jonathan. **The Happiness Hypothesis**. Nova York: Editora Basic Books, 2006.

HILL, Napoleon. **Pense e Enriqueça**. Rio de Janeiro: Editora Best-Seller, 2019.

SELIGMAN, E. P. Martin. **Florescer**. Rio de Janeiro: Editora Objetiva, 2011.

TALEB, Nassim Nicholas. **Antifrágil: Coisas que se beneficiam com o caos**. Rio de Janeiro: Editora Best Business, 2014.

OUTRAS OBRAS DO AUTOR

ANDERSON LUÍZ
BEST SELLER
CHAVES PARA O PRIMEIRO MILHÃO
TUDO QUE A ESCOLA NÃO ENSINA SOBRE RIQUEZA E PROSPERIDADE

ANDERSON LUÍZ
CÓDIGO MESTRE
A revelação dos mistérios por trás da riqueza, poder e felicidade

Compartilhe suas
impressões de leitura escrevendo para:
contato@yesbooks.com.br

www.yesbooks.com.br

yes books

CONHEÇA O MÉTODO TES
ACESSE O QRCODE
MÉTODO TES
TES
ELIMINE AS AMARRAS QUE TE IMPEDEM DE TER UMA VIDA MAIS PRÓSPERA E FELIZ